BEIJINGSHI HONGSE YANXUE LÜXING KECHENG ZHINAN

北京市
红色研学旅行课程指南

主　编★王　彬　李岑虎
副主编★赵东勋　朱厚颖　高　霞　王剑如
摄　影★丁海秀等

北京·旅游教育出版社

《北京市红色研学旅行课程指南》编委会

主　编　王　彬　李岑虎

副主编　赵东勋　朱厚颖　高　霞　王剑如

摄　影　丁海秀等

编　委　程建刚　李嫒嫒　李子尚　王依繁

沈宇文　相　薇　温廷军

目 录

CONTENTS

夜色中的天安门城楼

前言

PREFACE

北京，是中华人民共和国的首都，是中国的政治中心、文化中心、国际交往中心、科技创新中心，是世界著名古都和现代化国际城市，也是一座红色革命的都城，一座共和国胜利的丰碑。曾有这样一句话：“中国的新民主主义革命史就是从天安门到天安门。”的确如此，北京是中国共产党领导中国人民革命的光辉起点，100 多年前，参加五四运动的进步学生从天安门前集结出发，李大钊、陈独秀、毛泽东为共产主义呐喊，中国共产党在北大的红楼中孕育，呼之欲出。十多年后，卢沟桥事变爆发，全民族抗战开始，中国共产党来到北京周边山区，发动群众，建立根据地，痛击侵略者，“小白龙”白乙化、英雄母亲“邓玉芬”的抗日故事至今传唱。到解放战争后期，毛泽东率领中共中央“进京赶考”，从西柏坡进驻京西香山，在这里指挥“百万雄师”解放全中国，并在天安门城楼向世界庄严宣告中华人民共和国正式成立！

从天安门到天安门，中国共产党领导新民主主义革命走出了一个圆满的闭环，也给北京留下了丰富的红色资源，其节点之完整、意义之深刻，在全国都是首屈一指的。这些红色资源是中国共产党艰辛而辉煌的奋斗历程的见证，凝聚其中的革命精神更是中国人民弥足珍贵的精神财富。我们要用好红色资源、传承红色基因、赓续红色血脉，把革命先烈流血牺牲打下的红色江山守护好、建设好。

2016 年，教育部等 11 部委发布《关于推进中小学生研学旅行的意见》，首次提出将研学旅行纳入中小学教育教学计划。中小学生研学旅行是由教育部门和学校有计划地组织安排，通过集体旅行、集中食宿方式开展的研究性学习和旅行体验相结合的校外教育活动。对于促进中小学生全面发展，推动中小学教育改革，促进经济社会发展有重要意义。基于红色资源的革命传统教育板块中的研学旅行我们可称之为红色研学旅行，是中小学生研学旅行的重要内容。红色研学旅行不同于传统的填鸭式的参观宣讲，而是以高度的政治思想觉悟、灵活的教学形式、丰富的教学内容、深刻的教学反思，引导中小学生通过参观、讨论、探究、体验，亲身感受革命先辈舍生忘死、为国为民的奋斗精神，让他们从小种下红色种子、树立红色理想，让我们的红色基因、红色血脉真正传承、赓续下去。

作为本书编者，我们怀揣对党的忠诚爱戴之心，肩负高度的社会责任感，深入挖掘北京市红色旅游文化资源，把北京的革命传统教育、爱国主义教育和研学旅行融为一体，本书遴选了北京地区 31 个重要的红色研学旅行基地，以此为依托开发适合中小学生的研学旅行课程方案，向学生追忆红色研学基地背后生动感人的革命故事，转化为学生更喜欢、更乐于接受的红色研学旅行课程。转化后的这些红色研学旅行课程，遵循研学旅行规律，内容丰富，形式多样，案例鲜活，创新闪光，对传承中国共产党艰苦奋斗的革命精神提供了可行的资源载体，为开展中小学红色研学旅行活动提供了技术指导。

本书由文化和旅游部人才中心研学旅行指导师考评员李岑虎、旅游教育出版社丁海秀倡议发起，与北京大学研学旅行教育专家王彬再次携手，集结了北京市研学旅行教育专家、旅游教育专家、职业教育专家、中小学教育专家，还有研学旅行教学一线的实操专家，共同编写了此书。

本书稿具备以下特色：

一、红色主题。2021 年恰逢中国共产党建党 100 周年，北京是中国共产党的萌芽孕育之地，也是走向全国性胜利的地方。本书的出版，对于纪念建党 100 周年主题有着特殊的意义。

二、研学实践。书中对于红色景点不仅仅局限于简单介绍，而是结合当前国家提倡的中小学研学旅行的形式，深入挖掘红色景点的研学价值，并制作了可供参考的研学课程，教师、导游、研学旅行指导师对照本书即可付诸研学实践。

三、形式多元。书中将研学旅行课程以表格形式、条目形式来呈现，更加直观；此外书中还搭配了不少照片，并搜集了不少对应的研学资料，以二维码形式嵌入图书之中，呈现形式上多元化、立体化，也更方便使用。

本书由王彬、李岑虎、赵东勋、丁海秀、朱厚颖、高霞、王剑如、程建刚、李媛媛、李子尚、王依繁、沈宇文、相薇、温廷军编著。王彬、李岑虎担任主编，赵东勋、朱厚颖、高霞、王剑如担任副主编。李岑虎负责全书的设计和统稿，王彬负责组织分工和章节的审查，丁海秀负责全书照片的拍摄和搜集处理。

在编写的过程中，我们得到了北京市各级文旅局、教育局、出版社领导的大力支持鼓励。各参编专家呕心沥血、不辱使命。在此向为本书付出心血的各位朋友们表示衷心的感谢和崇高的敬意！

在此书编写过程中，我们引用和借鉴了北京诸多专家和红色景区、红色研学旅行基地的研究成果，由于成书时间仓促，有些资料来源未能查到和注明。在此，对各位专家和单位表示诚挚的感谢，并由衷地欢迎原作者与我们联系（邮箱 siteven@163.com、微信 siagelzy），以便再版时予以更正修订。由于作者水平所限，书中的缺点和错误在所难免，还请读者予以批评指正。

编委会

2021 年 7 月 1 日

研学课程篇

北京是中国共产党领导的新民主主义革命萌发并最终取得胜利的地方，拥有丰富的红色研学旅行资源。本篇一共遴选了 31 个红色研学旅行基地，针对每个研学基地均设计了完整的研学旅行课程方案，将传统的旅游参观转化为生动有趣的体验课程，对传承中国共产党艰苦奋斗的革命精神提供了可行的资源载体。

课 程

01

天安门广场

位于北京城正中心的天安门广场，东西宽 500 米，南北长 880 米，面积达 44 万平方米，可同时容纳近百万人举行盛大集会，是世界上最大的城市中心广场之一。广场中央矗立着雄伟的人民英雄纪念碑和庄严肃穆的毛主席纪念堂，广场北侧一路之隔是壮丽的天安门城楼，天安门城楼两边是劳动人民文化宫（明清时太庙）和中山公园（明清时社稷坛），广场的东侧则是中国国家博物馆，西侧是人民大会堂。1949 年 10 月 1 日，毛泽东在天安门城楼庄严宣告中华人民共和国成立，在广场上举行了盛大的开国大典。天安门广场是许多重大政治、历史事件的发生地，也是中华民族从衰落到复兴的历史见证。1986 年，天安门广场被评为“北京十六景”之一，景观名为“天安丽日”。

广场北侧的旗杆高高矗立，五星红旗迎风飘扬

雄伟瑰丽的天安门城楼

广场西侧是决策中国未来的人民大会堂

研学资料

五星红旗迎风飘扬

——天安门广场研学旅行主题课程方案

<table>
<tr><td>课程名称</td><td colspan="7">五星红旗迎风飘扬</td></tr>
<tr><td>设计人</td><td>赵东勋　李岑虎</td><td>项目组长</td><td></td><td>学校代表</td><td></td><td>联系方式</td><td></td></tr>
<tr><td>研学对象</td><td>小学四年级学生</td><td>研学人数</td><td>30</td><td>带队老师</td><td></td><td>联系方式</td><td></td></tr>
<tr><td>总课时</td><td>5 小时</td><td>研学目的地</td><td colspan="3">天安门广场</td><td>研学时间</td><td></td></tr>
<tr><td>研学目标</td><td colspan="7">通过对天安门升旗仪式的观摩，以及唱国歌、国旗知识讨论、国旗摄影比赛、天安门历史由来探究等活动，初步掌握五星红旗知识、升旗仪式知识，了解天安门的历史变迁，感受伟大祖国的繁荣昌盛，激发学生热爱五星红旗、热爱伟大祖国的情怀，坚定做共产主义事业接班人的决心。</td></tr>
<tr><td>研学线路</td><td colspan="7">从天安门广场东南侧安检后进入广场，到达广场中心的人民英雄纪念碑北侧，沿中轴线向北移动到国旗附近，向北抬头看到中华人民共和国五星红旗迎风飘扬，向北不远处就是新中国的象征——天安门城楼，城楼两侧是天安门观礼台，广场东侧是记录中国古代文明与近代革命史的国家博物馆，西侧则是决策中国未来的人民大会堂。</td></tr>
<tr><td>课程链接</td><td colspan="7">人教版，四年级《语文》下册《天安门广场观升旗》；苏教版《语文》四年级上册《天安门广场》。</td></tr>
<tr><td>研学方式</td><td colspan="7">考察探究、职业体验、设计制作、党团队活动。</td></tr>
<tr><td>研学方法</td><td colspan="7">讲授法、体验法、讨论法、小组合作法。</td></tr>
<tr><td>研学重点</td><td colspan="7">了解国旗的意义；了解天安门历史变迁；培养爱国、爱国旗的意识；掌握手机摄影技术。</td></tr>
<tr><td>研学难点</td><td colspan="7">了解国旗的意义；培养爱国、爱国旗的意识；掌握手机摄影技术。</td></tr>
</table>

主题课程内容及实施流程

专题课程一：合唱国歌

研学时间：1 课时

研学地点：学校或大巴上

负责人：音乐老师、指导师

在学校由音乐老师教唱国歌，开展国歌演唱比赛。

专题课程二：参加升国旗仪式

研学时间：1 小时

负责人：指导师、导游

大巴上，一起高唱国歌，讲解国旗的意义。日出前 1 小时进入天安门广场，整理队伍，参加升国旗仪式，行注目礼或举手礼。仪式结束后返回大巴上，每 6 人一组，分组讨论参加升国旗仪式的收获和感想。随后进行活动总结。

专题课程三：开展国旗摄影比赛

研学时间：1 小时

负责人：指导师、导游、安全员

指导师在学校出发前，发放国旗学习资料，组织学生讨论国旗知识。到达广场后，分组活动。每 6 人一组，然后用手机或相机，给飘动的国旗拍照，比较谁照得好，谁的有特色，回校后开展摄影作品评比。

专题课程四：天安门历史我知道

研学时间：1 小时

负责人：指导师、导游、安全员

方法：分组讨论、探究式

指导师在学校出发前，发放天安门有关资料。每 6 人一组，学生查找资料，讨论天安门历史沿革和由来。

到达天安门广场后，带着问题考察、观看、记录、拍照。返回大巴上，每 6 人一组，分组讨论参观天安门广场的收获和感想。回校后，开展天安门历史故事演讲比赛活动。评价总结。

师资配置	每班研学指导师 1 名、带队老师 2 名、导游 1 名、安保人员 1 名、医护人员 1 名、家长志愿者 2 名。
安全措施	详见《研学旅行安全管理工作方案》《研学旅行应急预案及操作手册》《未成年人监护方法》。
研学评价	可采用自我评价法、同学互评法、指导师评价法、家长评价法、广场评价法等多元化评价方式，具体略。
活动经费	指导师会同学校财务部门确定，或者学校财务部门会同旅行社等服务方商定。
研学反思	老师、学生均要反思，具体略。
纪律要求	1 统一行动，集中不脱离队伍，随时清点人数； 2 人员密集，注意防踩踏，防丢失财物； 3. 不与小商贩发生交易，不随意买零食； 4. 夏季高温防中暑； 5. 景区内不得大声喧哗，要文明研学，服从管理。

课程

02

人民英雄纪念碑

位于天安门广场中心的人民英雄纪念碑，北距天安门约 463 米，南距正阳门约 440 米，在北京城市中轴线上，是中华人民共和国政府为了纪念自 1840 年以来，为反对内外敌人、争取民族独立和人民自由幸福，在历次斗争中牺牲的人民英雄而兴建。1949 年 9 月 30 日，中国人民政治协商会议第一届全体会议通过了建立这座纪念碑的决定。人民英雄纪念碑由梁思成等人设计，集合了全国著名的建筑家、雕刻家、美术家和优秀的雕刻工人共同参与。这是新中国诞生后在广场修建的第一座建筑，也是中国历史上最大的纪念碑。1952 年 8 月 1 日开工，1958 年 4 月 22 日建成，1958 年 5 月 1 日揭幕。1961 年被中华人民共和国国务院公布为第一批全国重点文物保护单位。

人民英雄纪念碑浮雕：抗日游击战（左）与南昌起义（右）

节日期间的人民英雄纪念碑

人民英雄纪念碑与人民大会堂

研学资料

人民英雄丰碑永存

——人民英雄纪念碑研学旅行主题课程方案

课程名称	五星红旗迎风飘扬						
设计人	赵东勋 李岑虎	项目组长		学校代表		联系方式	
研学对象	高中生	研学人数	30	带队老师		联系方式	
总课时	3.5 小时	研学目的地	天安门广场，人民英雄纪念碑			研学时间	
研学目标	通过本次缅怀人民英雄、悼念英烈敬献花圈、背诵碑文比赛、纪念碑知识问答比赛等活动，让学生掌握纪念碑知识，了解纪念碑的意义，激发他们感恩中国共产党、感恩英烈、向英雄学习的豪情壮志，增强他们刻苦学习、报效祖国的信心和勇气。引导他们从小敬仰人民英雄，培养爱国情怀。						
研学线路	从天安门广场东南侧安检后进入广场，到达人民英雄纪念碑北侧，瞻仰人民英雄纪念碑，聆听人民英雄纪念碑背后的故事讲解，绕碑一周后返回。						
课程链接	人教版，初中《语文》八年级上册，《人民英雄永垂不朽 瞻仰首都人民英雄纪念碑》；苏教版，七年级《语文》下册，周定舫《人民英雄永垂不朽》。						
研学方式	考察探究、情境体验式、团队教育式、纪念碑教育式。						
研学方法	讲授法、激励法、讨论法、小组合作法。						
研学重点	悼念英烈敬献花圈，了解纪念碑知识、纪念碑的意义，激发学生感恩中国共产党、感恩英烈、向英雄学习的豪情壮志，增添学生刻苦学习、报效祖国的信心和勇气。敬仰人民英雄，提升爱国情怀。						
研学难点	如何激发学生感恩中国共产党、感恩英烈、向英雄学习。如何提升学生报效祖国的信心和勇气。如何敬仰人民英雄，提升爱国情怀。						

主题课程内容及实施流程

专题课程一：悼念英烈，敬献花圈

研学时间：30 分钟

负责人：指导师、导游、安全员、广场管理人员

基本流程：

说明：本专题活动需要征求天安门广场管理部门同意，根据主管部门要求选择开展相

应流程项目，无须拘泥本方案的全部流程。

纪律要求：肃穆、庄重、安静；大集体活动不掉队，全员参加。

1. 学校代表宣布向人民英雄敬献花篮仪式正式开始。

2. 唱国歌。播放《义勇军进行曲》，齐唱中华人民共和国国歌。

3. 默哀。国歌唱毕，全场肃立，向为中国人民解放事业和共和国建设事业英勇献身的烈士默哀。

4. 重温誓词。默哀毕，请出共青团团旗，团支部书记领读入团誓词，全体团员面向人民英雄纪念碑重温入团誓词。

5. 献花篮。2 名学生稳稳抬起花篮，缓缓走向人民英雄纪念碑，摆放在纪念碑基座上。

6. 瞻仰人民英雄纪念碑。缓步登上纪念碑基座，在花篮前驻足凝视。鲜艳挺拔的花烛、芬芳吐蕊的百合、轻盈绽放的文心兰，寄托着师生对人民英雄的深切缅怀和崇高敬意。随后，缓步绕行，瞻仰人民英雄纪念碑。

7. 仪式结束。

专题课程二：诵读碑文比赛

研学时间：2 小时。

负责人：指导师、安全员。

方式：纪念碑处或广场以小组为单位，学校以班级为单位进行。

基本流程：

指导师在学校时，布置任务，分组管理。敬献花篮后，以小组为单位开展诵读碑文比赛活动。

1. 比赛规则

（1）分组管理。全班 30 人，分成 5 组，每组 6 人。

（2）小组比赛。每组自行开展诵读碑文比赛活动，择优选出第 1 名，参加全班比赛。

（3）全班比赛。各组推荐 1 名学生，共 5 名学生，集中参加比赛。设一等奖 1 名，二等奖 2 名，三等奖 2 名。

2. 了解人民英雄纪念碑的碑文

（1）碑文内容：

人民英雄纪念碑正面是毛泽东主席亲笔书写的碑文，共八个大字：人民英雄永垂不朽。

人民英雄纪念碑背面的碑文是毛泽东主席起草，周恩来总理书写的碑文，全文如下：

三年以来，在人民解放战争和人民革命中牺牲的人民英雄们永垂不朽！

三十年以来，在人民解放战争和人民革命中牺牲的人民英雄们永垂不朽！

由此上溯到一千八百四十年，从那时起，为了反对内外敌人，争取民族独立和人民自由幸福，在历次斗争中牺牲的人民英雄们永垂不朽！

（2）发放碑文卡片。

（3）用手机拍摄碑文。

3. 诵读碑文

以小组为单位自行诵读。由于天安门广场管理严格，请各组小声诵读。

4. 小组选拔最佳诵读能手

小组通过诵读活动，推荐选拔 1 名最佳诵读能手，参加团队诵读比赛。

5. 全团诵读比赛

各组推荐 1 名学生，共 5 名学生，集中参加比赛。一等奖 1 名，二等奖 2 名，三等奖 2 名。

6. 颁奖

回到学校，统一颁发。并谈谈获奖感言。

纪律要求：

1. 由于天安门广场管理严格，请各组小声讨论，不要有夸张的动作，不要大声喧哗，服从广场管理。

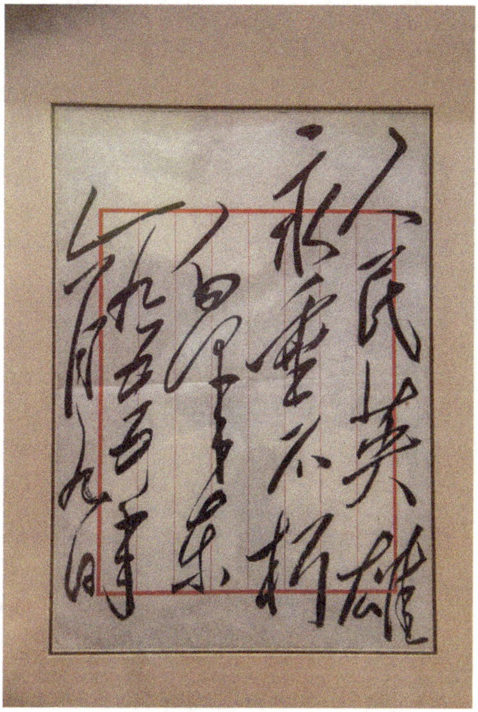

毛主席为人民英雄纪念碑书写的题词

2. 肃穆、庄重、安静；大集体活动不掉队，全员参加。

3. 在指导师的指挥下以小组为单位自行研讨。

专题课程三：纪念碑知识问答比赛

研学时间：1 小时

研学地点：学校

负责人：指导师

基本流程：

指导师在学校时，布置任务，分组管理。诵读碑文比赛活动后以小组为单位开展听纪念碑故事，参加纪念碑知识问答比赛。

1. 比赛规则

（1）分组管理。全团 30 人，分成 5 组，每组 6 人。

（2）小组比赛。每组自行开展纪念碑知识问答比赛活动，择优选出第 1 名，参加全团比赛。

（3）全团比赛。各组推荐 1 名学生，共 5 名学生，集中参加比赛。设一等奖 1 名，二

人民英雄纪念碑碑文，由周总理书写

等奖 2 名，三等奖 2 名。

2. 讲解人民英雄纪念碑背后的故事比赛

指导师讲解、导游讲解、学生讲解相结合。

3. 人民英雄纪念碑知识

（1）知识内容

①碑文内容，包括正面内容、背面内容；②浮雕内容；③纪念碑的历史知识；④纪念碑结构知识。

2. 研学方法

①发放碑文卡片；②手机拍照碑文。

4. 研讨学习纪念碑知识

根据前期学校资料和本人现场收集的资料，以小组为单位自行研讨学习。

5. 小组选拔纪念碑知识问答最佳能手

小组通过研讨活动，推荐选拔 1 名纪念碑知识问答最佳能手，参加全团纪念碑知识问答比赛。

6. 全团纪念碑知识问答比赛

各组推荐 1 名学生，共 5 名学生，集中参加纪念碑知识问答比赛。一等奖 1 名，二等奖 2 名，三等奖 2 名。

知识问答题：

（1）纪念碑上的文字是谁撰文的？又是谁书写的？

（2）纪念碑浮雕的内容是什么？

（3）纪念碑的高度是多少？

（4）纪念碑是怎么构成的？

（5）纪念碑的由来是什么？

7. 颁奖活动

回校后，统一颁发。并谈谈获奖感言。

（师资配置、安全措施、研学评价、活动经费、研学反思、纪律要求等参考“天安门广场”主题课程方案。）

人民英雄纪念碑知识探究

——人民英雄纪念碑研学旅行专题课程方案

<table>
<tr><td>课程名称</td><td colspan="7">人民英雄纪念碑知识探究</td></tr>
<tr><td>研学对象</td><td colspan="5">初三</td><td>带队老师</td><td></td></tr>
<tr><td>研学时间</td><td>2 小时</td><td>指导师</td><td>朱厚颖</td><td>导游</td><td></td><td>备课人</td><td>朱厚颖　李岑虎</td></tr>
<tr><td>研学地点</td><td colspan="7">天安门广场人民英雄纪念碑</td></tr>
<tr><td>研学链接</td><td colspan="7">人教版，初中《语文》八年级上册，《人民英雄永垂不朽 瞻仰首都人民英雄纪念碑》；苏教版，《语文》七年级下册，周定舫《人民英雄永垂不朽》。</td></tr>
<tr><td rowspan="4">研学目标</td><td>价值体认</td><td colspan="6">通过参加学校组织的人民英雄纪念碑知识探究活动，亲历社会实践，了解人民英雄在不同历史时期为国家和人民的贡献，树立尊重英雄的观念，培养学生的爱国情怀。</td></tr>
<tr><td>责任担当</td><td colspan="6">观察人民英雄纪念碑周围的浮雕、文字反映出的内容，增强为人民服务意识，为他人服务意识，养成独立的生活学习、团结合作、帮助他人的习惯；愿意参与学校服务活动，增强服务学校的行动能力；初步形成探究社会问题的意识，愿意参与社会服务，初步形成对自我、学校、社会负责任的态度和社会公德意识；初步具备法治观念、国家利益至上观念。</td></tr>
<tr><td>问题解决</td><td colspan="6">能关注人民英雄纪念碑的构造，能说出人民英雄纪念碑浮雕的构成、反映的历史事件、意义，深入思考并提出有价值的问题，将问题转化为有价值的研究课题，学会运用科学方法开展研究。</td></tr>
<tr><td>创意物化</td><td colspan="6">运用在人民英雄纪念碑考察活动中学到的知识、技能和思维方式，自行编写并表演《虎门销烟》《五四爱国运动》《八一南昌起义》《抗日敌后游击战》情景剧，时刻保有尊重英雄的习惯。</td></tr>
<tr><td>研学内容</td><td colspan="7">人民英雄纪念碑的设计组成、内涵意义、价值意蕴。</td></tr>
<tr><td>研学重点</td><td colspan="7">人民英雄纪念碑的浮雕蕴含的历史价值和意义。</td></tr>
<tr><td>研学难点</td><td colspan="7">领会人民英雄纪念碑的时代意义。</td></tr>
<tr><td>研学方式</td><td colspan="7">考察探究、设计制作、职业体验、团队教育活动、纪念碑参观。</td></tr>
<tr><td>研学方法</td><td colspan="7">小组合作法、角色扮演法、成果展示法、讲授法、情境体验法、讨论法。</td></tr>
<tr><td>研学教具</td><td colspan="7">教师：1. 任务单；2. 讲解评价表；3. 身份证；4. 研学服务物品。
学生：1. 人民英雄纪念碑浮雕历史事件材料；2. 学生证。</td></tr>
</table>

研学过程

研学前

【课前准备，设置问题】

1. 组建研学小组

研学团下设多个小组。要求人人有岗位，个个有职责。提前让学生自行分工组合。指导师配合班主任或带队老师具体分配任务。

2. 告知课程目标

3. 布置研学任务（行前一周）

问题一：人民英雄纪念碑蕴含着中国共产党的什么初心？

问题二：查找人民英雄纪念碑的建造历史材料，思考建造过程中哪些细节体现了能工巧匠的匠心？

问题三：在研学之后，作为新时代学生的我们，应该树立什么样的雄心？

4. 做好研学事务

研学中

【导入新课，提出问题】（15 分钟）负责人：指导师、导游

由学校去往纪念碑的大巴上，导游讲解沿途风光；指导师让学生做好课程准备，导入新课；检查研学前任务；让学生分组讨论有关研学问题；宣传组收集整理发言情况。

指导师：各位同学，我们今天来到的就是人民英雄纪念碑了。我们今天研学的主题就是寻找人民英雄纪念碑里的初心、匠心和雄心。

1. 结合人民英雄纪念碑的碑文内容、浮雕建造，我们能看出无数革命先烈为我们铺就了国家独立、人民做主的发展之路，这离不开中国共产党的初心，你从哪些浮雕中能够看出我党的初心呢？

2. 人民英雄纪念碑在建造过程中，饱含了能工巧匠的心血，请你以小组为单位找出能够体现匠心的细节内容。

3. 出生在幸福年代的我们，应该思考：怎样才能秉承先烈遗志，树立建设国家的雄心壮志？

【研学新课，解决问题】（50 分钟）负责人：指导师

要求：1. 始终围绕目标教学；2. 始终分组开展活动；3. 确保全员参加亲自体验；4. 发挥先模学生的带头作用；5. 运用恰当的方式方法；6. 研学评价贯穿全程。

指导师介绍：人民英雄纪念碑由台座、须弥座和碑身三部分组成，碑身正面豪迈书写“人民英雄永垂不朽”，指导师提出问题：人民英雄永垂不朽主要体现在什么地方呢？

一、以小组为单位集体诵读碑文，明确永垂不朽的内涵（10 分钟）

1. 指导师请学生整齐排列队形，面向纪念碑背面，以小组为单位集体诵读碑文。

学生齐声诵读："三年以来，在人民解放战争和人民革命中牺牲的人民英雄们永垂不朽！三十年以来，在人民解放战争和人民革命中牺牲的人民英雄们永垂不朽！由此上溯到一千八百四十年，从那时起，为了反对内外敌人，争取民族独立和人民自由幸福，在历次斗争中牺牲的人民英雄们永垂不朽！"

2. 指导师解读"三个永垂不朽"，"三年以来"是指 1946 年开始的解放战争；"三十年以来"是指自 1919 年五四运动开始的新民主主义革命到 1949 年建立新中国；而 1840 年则是中国遭受外敌侵略的开始，从 1840 年鸦片战争开始，中国从此弥漫着滚滚硝烟，成了半殖民地半封建国家。

3. 学生自行讨论碑文的意思。

二、指导师详解，明确浮雕所代表的历史事件（15 分钟）

指导师依据 8 块浮雕的方位顺序，讲解浮雕内容。

三、自由考察，查找纪念碑碑身的细节（15 分钟）

指导师请学生自由观看，并记录纪念碑碑身的细节内容。

四、回顾细节，讲述纪念碑碑身细节（10 分钟）

指导师于车上询问学生记录的纪念碑碑身细节。指导师引导学生围绕下列问题讨论解读：

1. 人民英雄纪念碑建在中轴线上并且正面朝北，正是共产党领导人民群众扭转乾坤、新中国人民当家做主的典型体现。

2. 建设大量使用了汉白玉，喻示着先烈们纯洁坚定的革命信念。

3. "人民英雄永垂不朽"这八个大字首先是毛主席先写在信纸上，每个字只有两寸左右大小，然后总参测绘局的同志用幻灯投影机完成了题词放大。书法家建议用胶皮盖住碑体，将錾刻部位的胶皮挖掉，形成阴文轮廓，然后再用高压喷枪喷射矿砂"打"字，再以"字"为胎，采用鎏金工艺做成金字镶嵌进去，再用放大镜检查有无砂眼，最后用玛瑙打磨，确定没有瑕疵，最终才成为现在碑身题字。

4. 指导师请学生认真观看碑身的东西两侧刻画的是什么图案，有何寓意。

学生回答：上方刻画红星、松柏和旗帜组成的装饰花纹，寓意先烈们的革命精神万年长存。

指导师解读：人民英雄纪念碑在建造过程中，能工巧匠们不仅要思考体现人民英雄的雄伟气概，还要思考从建造艺术中体现表达对人民英雄尊敬之情的细节，这也是以艺术致敬英雄的重要方式。

【研学总结，拓展问题】（55 分钟）负责人：指导师

一、学生展示，小组评分

1. 指导师将学生分成4个小组，并布置任务：每个小组结合刚才观看的浮雕内容，运用手机查找相关材料，每组领取4组浮雕内容，并进行讲解，要求能够清楚讲述浮雕中历史事件的时间、地点、任务、内容以及意义。每个小组可以根据实际情况对组员进行合理分工。

学生合理分工，查找相关材料，并抽签按照讲解顺序依次讲解。（每组10分钟，共计40分钟）

（1）“虎门销烟”，是1839年6月，中国官民在虎门销毁鸦片的事迹。浮雕上，愤怒的民众正在把一箱箱毒害中国人民的鸦片运到海边，倾倒在放有石灰的窑坑里焚烧，一股股浓烟从石灰池上升起。人群后面，有炮台和千百只待发的战船，准备随时还击英帝国主义的挑衅，表现出中国人民反抗帝国主义的坚定决心。

（2）“金田起义”，描绘的是1851年开始的太平天国起义。太平天国是中国民主主义革命的序幕，它提出政治平等、经济平等、民族平等、男女平等的四大口号，严重动摇了清朝的封建统治基础。

（3）“武昌起义”，展现的是1911年辛亥革命深夜，起义的新军和市民，摧毁了湖广总督门前的大炮，正向总督府里冲去。总督府内熊熊的火焰冒向天空；总督府的牌子，被打断在阶前；撕碎了的清朝的龙旗，被践踏在地下。辛亥革命，结束了两千多年来的封建帝制。

（4）“五四运动”，这是中国民主革命由旧民主主义革命转变为新民主主义革命的转折点。

（5）“五卅运动”，1925年5月30日，上海群众一万多人在南京路上举行反帝国主义大示威，英国巡捕向徒手群众开枪射击，死伤多人。“五卅惨案”引起了全上海乃至全国人民的极大愤慨，促使全国范围的大革命风暴的爆发。

（6）“南昌起义”，1927年8月1日早晨，一个连队的连长，挥着右手向战士们宣布起义，士兵们举着起义的信号——马灯，光辉的红旗举起来了，战马在呼啸，劳动人民正在帮助搬运子弹，战士们激昂地高呼着。

（7）“抗日游击战”，浮雕上显现出抗日战争时期太行山区敌后游击战的场面。远远望去，在一座雄伟峻峭的半山腰里，游击队员们正穿过高大的树林和茂密的青纱帐，去和敌人战斗。

（8）“胜利渡长江，解放全中国”，国民党认为不能逾越的天堑长江，被英勇无敌的人民解放军胜利地渡过了。

指导师公布学生在讲解任务、小组协作、纪律等方面的分数，计入研学成绩。

二、指导师提升，拓展问题

指导师总结提升：今天我们观看了人民英雄纪念碑。这座雄伟壮观的纪念碑不仅记录

人民英雄永垂不朽

着无数先烈浴血奋斗的历史，更激励着我们后人继承遗志，奋斗不止。纪念碑的建造经过了多方酝酿和多次方案筛选，工艺上精益求精，最终以雄伟的身姿矗立在广场中央。同学们，从人民英雄纪念碑上，我们看到了以中国共产党为代表的革命先烈追求民族独立、为人民服务的初心，感受到了工匠们向艺术致敬的匠心，更要求我们树立奋进新时代、建设新时代的雄心壮志！未来是你们的，希望你们能够不负韶华、积极进取，成为社会主义合格的建设者和接班人！

拓展问题，布置新任务：请同学们在今天的研学旅行活动结束以后，在学校或者家里，以各自小组为单位自行表演《虎门销烟》《五四运动》《南昌起义》《抗日游击战》情景剧。

研学后

【研学评价，反思问题】

一、研学后评价

1. 方式：学生自评、学生互评、专家评价、导师评价、学校评价五部分。

2. 评选出多名研学旅行小标兵。一等奖 2 名，二等奖 3 名，三等奖 5 名。奖品待议。

二、研学后的服务

三、研学后的反思和课后任务

1. 围绕“初心、匠心、雄心”撰写研学心得，并制作相应的 PPT。

2. 思考人民英雄纪念碑的当代价值。

研学成果

1. 将个人心得、日志、图片、录像、课件等资料成果进行整理、保存；2. 完成研学任务卡；3. 与你的家人、朋友、同学分享研学活动之后的心得体会，或者作为日记写下来。

课　程

03

毛主席纪念堂

毛主席纪念堂是党和国家的最高纪念堂，是以毛泽东同志为核心的党的第一代革命领袖集体的纪念堂，是全国爱国主义教育基地。它位于天安门广场的南端，人民英雄纪念碑的南面，坐落在北京城市中轴线上。在这里，安放着毛泽东主席的遗体，并设有毛泽东、周恩来、刘少奇、朱德、邓小平、陈云革命业绩纪念室。纪念室通过大量的照片、文献、实物，展现了毛泽东等领导人在中国革命和建设各个时期的伟绩及中国共产党领导人民进行革命和建设的奋斗历程。1976 年 11 月 24 日，毛主席纪念堂举行奠基典礼，1977 年 5 月 24 日主体工程完工，8 月底全部竣工，9 月 9 日正式开放。

毛主席纪念堂南侧

庄严肃穆的毛主席纪念堂

毛主席纪念堂南侧群雕

毛主席纪念堂北侧群雕

伟大领袖毛主席永远活在我们心中

——毛主席纪念堂研学旅行主题课程方案

研学资料

课程名称	伟大领袖毛主席永远活在我们心中						
设计人	赵东勋 李岑虎	**项目组长**		**学校代表**		**联系方式**	
研学对象	小学高年级学生	**研学人数**		**带队老师**		**联系方式**	
总课时		**研学目的地**	天安门广场毛主席纪念堂			**研学时间**	
研学目标	通过研学活动，激发学生热爱共产党、热爱伟大领袖、热爱社会主义新中国，继承伟人遗志，为新时代中国特色社会主义建设做出积极贡献的情怀与斗志。						
研学线路	天安门广场东南侧安检进入广场——毛主席纪念堂前排队——北门进——按指示参观——南门出——中国公路零公里起点——返程						
研学方式	考察探究、纪念堂参观、党团队活动。						
研学方法	纪念堂参观法、讲解法、授课与互动。						
研学重点	观摩毛主席纪念堂、瞻仰毛主席遗容、参观领导人革命业绩纪念室、参观中国公路零公里起点，举行伟大领袖毛主席故事演讲比赛、伟大领袖毛主席绘画小能手比赛等缅怀革命先烈系列活动，激发学生热爱共产党，热爱伟大领袖，热爱社会主义新中国，继承伟人遗志，为新时代中国特色社会主义建设做出积极贡献的情怀与斗志。						
研学难点	通过缅怀毛主席等革命领袖系列活动，如何激发学生热爱共产党，热爱伟大领袖，热爱社会主义新中国，继承伟人遗志，为新时代中国特色社会主义建设做出积极贡献的情怀与斗志。						

主题课程内容及实施流程

专题课程一：瞻仰毛主席遗容

研学时间：30 分钟

负责人：导游、指导师、安全员、带队老师

纪律要求：纪念堂只允许带身份证，不可以拍照录像，请严格按照纪念堂参观规定进入。可在天安门广场东侧存包处存包，存包免费。

进入天安门广场，按照预约毛主席纪念堂的时间排队入内，从北门进入毛主席纪念堂，向毛主席汉白玉雕像鞠躬行礼后，按顺序排队进入瞻仰厅，在毛主席水晶棺附近瞻仰毛主席遗容。

研学方法：悼念式、团队教育活动式。

参观后分组讨论：为什么说毛主席永远活在我们心中？

专题课程二：参观革命业绩纪念室

研学时间：30 分钟

负责人：导游、指导师、安全员、带队老师

上二楼参观毛泽东、周恩来、刘少奇、朱德、邓小平、陈云等领导人革命业绩纪念室。

研学方法：参观式、考察探究式、团队教育活动式。

参观后分组讨论：每人口述一位领导人的故事。

专题课程三：中国公路零公里起点

研学时间：1 小时

负责人：导游、指导师、安全员、带队老师

出南门参观正阳门下的中国公路零公里起点，互动问答，总结。

研学方法：参观式、考察探究式、团队教育活动式。

参观后分组讨论：每人口述一个社会主义建设的伟大成就。

专题课程四：伟大领袖毛主席故事演讲比赛

研学时间：1 小时

负责人：学校老师、班主任

研学地点：学校

研学方式：全员参加，先以小组为单位选拔 2 名优秀选手，再参加全班比赛，评选出一、二、三等奖。

专题课程五：伟大领袖毛主席绘画小能手比赛

研学时间：1 课时

负责人：学校老师、班主任

研学地点：学校

研学方式：全员参加，先以小组为单位选拔 2 名优秀选手，再参加全班比赛，评选出一、二、三等奖，并授予“绘画小能手”称号。

（师资配置、安全措施、研学评价、活动经费、研学反思、纪律要求等参考“天安门广场”主题课程方案。）

课　程

04

中国国家博物馆

位于天安门广场东侧的中国国家博物馆，紧邻东长安街，与人民大会堂东西相对。博物馆总建筑面积近 20 万平方米，藏品数量多达 100 余万件，展厅数量 48 个。中国国家博物馆隶属于中华人民共和国文化和旅游部，是一座系统收藏中国古代、近现代、当代珍贵文物的著名藏馆，是历史与艺术并重，集收藏、展览、研究、考古、公共教育、文化交流于一体的综合性博物馆，也是世界上单体建筑面积最大的博物馆，是中华文物收藏量最丰富的博物馆之一。

复兴之路基本陈列中复原的开国大典场景

中国国家博物馆外立面

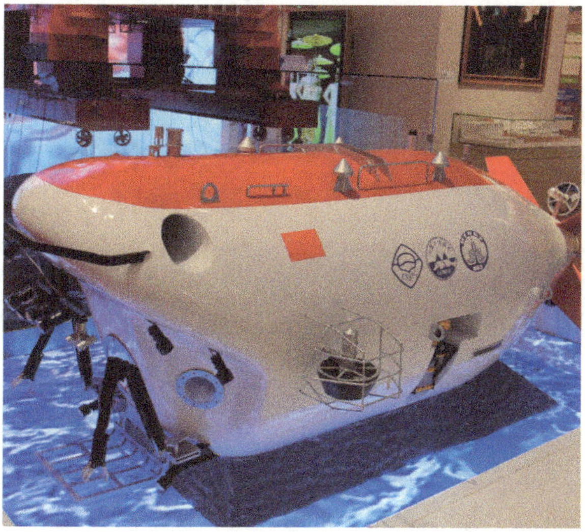

复兴之路新时代部分陈列文物：“蛟龙号”载人潜水器模型

复兴之路陈列文物：杨利伟穿过的航天服

研学资料

探究中国复兴之路

——中国国家博物馆研学旅行主题课程方案

课程名称	探究中国复兴之路						
设计人	赵东勋 李岑虎	**项目组长**		**学校代表**		**联系方式**	
研学对象	高中生	**研学人数**		**带队老师**		**联系方式**	
总课时	2 小时	**研学目的地**	国家博物馆北二楼			**研学时间**	
研学目标	通过本次国家博物馆“古代中国”“复兴之路”“复兴之路·新时代部分”陈列展厅的考察学习，让学生了解古代中国文明的强大光辉，感悟中华民族伟大复兴的历程，体会新时代中华民族伟大复兴之路。通过回顾 1840 年鸦片战争以来，陷入半殖民地半封建社会深渊的中国各阶层人民在屈辱苦难中奋起抗争，为实现民族复兴进行的种种探索，特别是中国共产党领导全国各族人民争取民族独立、人民解放与国家富强、人民幸福的光辉历程，充分理解历史和人民是怎样选择了马克思主义、怎样选择了中国共产党、怎样选择了社会主义道路，选择了改革开放，使中华民族以崭新的姿态屹立于世界东方。激发学生的爱党爱国情怀，引导学生立志为中华民族的伟大复兴做出积极贡献，做一个合格的社会主义事业接班人。						
研学方式	考察探究、博物馆参观。						
研学方法	讲授法、参观法、调查访问法。						
研学重点	引导学生以中华民族为骄傲，激发学生爱党、爱国、爱家的情怀，激励学生为中华民族的伟大复兴做出积极贡献，做一个合格的社会主义事业接班人。						
研学难点	引导学生以中华民族为傲，激发学生爱党、爱国、爱家的情怀，激励学生为中华民族的伟大复兴做出积极贡献，做一个了不起的中国人。						

主题课程内容及实施流程

专题课程一：古代中国文明光辉

研学内容：古代中国文明光辉

研学时间：1 小时

负责人：指导师、讲解员、导游、安全员、带队老师

研学要求：馆内大厅集合先集中再分散。先统一集中讲解，再分组探讨文物

研学过程：

第一步，国家博物馆地下一层“古代中国”基本陈列参观

线路：远古时期——夏商西周时期——春秋战国时期——秦汉时期——三国两晋南北

朝时期——隋唐五代时期——辽宋夏金元时期——明清时期。

听讲解员统一讲解，看展品的文字、图品、影像、实物。

第二步，分组讨论研究文物，感受中华民族文化的灿烂辉煌

探讨议题：

1. 请说出中国国家博物馆馆藏的 50 种以上文物名称及特色。

2. 请画出 10 种以上文物。

3. 请讨论文物收藏的意义。

4. 请结合文物讨论中华民族的发展历程。

第三步，成果展示

把本次研学旅行活动的记录、照片、心得体会等收集整理，全班展示。

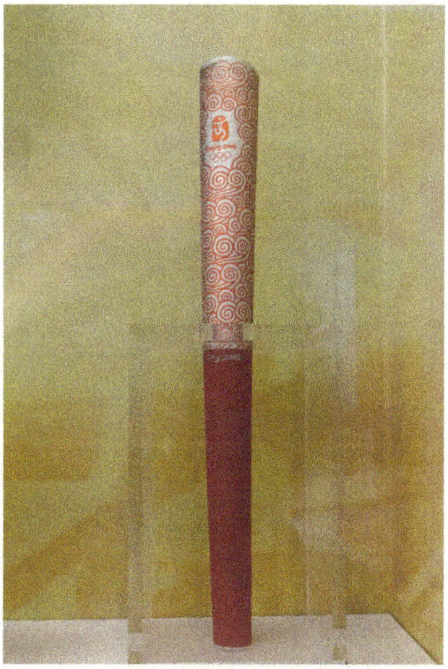

复兴之路基本陈列：2008 年奥运会火炬

第四步，研学评价

采用学生自评、学生互评、专家评价、导师评价、学校评价五部分进行综合评价。

专题课程二：参观“复兴之路”，感悟中华民族伟大复兴的历程

研学地点：北 5 展厅——北 7 展厅，北 12 展厅——北 15 展厅

研学时间：1 小时

负责人：指导师、讲解员、导游、安全员、带队老师

研学要求：先统一集中讲解，再分组探讨。

研学过程：

第一步，参观“复兴之路”

“复兴之路”以历史发展为主线，较为系统地回顾了自 1840 年鸦片战争以来，陷入半殖民地半封建社会深渊的中国各阶层人民在屈辱苦难中奋起抗争，为实现民族复兴进行的种种探索，特别是中国共产党领导全国各族人民争取民族独立、人民解放、国家富强、人民幸福的光辉历程，全面展示了中华民族走向伟大复兴的历程。

学生统一参观考察，听讲解员讲解，看展品的文字、图片、影像，做笔记、拍照。

第二步，中华民族的伟大复兴知识研讨会

以小组为单位，结合历史和政治课本，开展中华民族的伟大复兴知识研讨。

1. 简述鸦片战争。

2. 简述甲午海战。

3. 八国联军入侵中国，是哪八个国家？

4. 简述中国共产党早期党小组的成立。

5. 简述抗日战争中中国共产党的历史功绩。

6. 简述解放战争。

7. 简述中国共产党领导的改革开放。

8 简述科技创新的含义和内容。

9. 简述中华民族的复兴之路。

第三步，成果展示

把本次研学旅行活动的记录、照片、心得体会等收集整理，全班展示。

第四步，研学评价

采用学生自评、学生互评、专家评价、导师评价、学校评价五部分进行综合评价。

专题课程三：探究新时代复兴之路，做新时代优秀青年

研学地点：南 5、南 10 展厅，“复兴之路 · 新时代部分”

研学时间：1 小时

负责人：指导师、讲解员、导游、安全员、带队老师

研学要求：先统一集中讲解，再分组探讨。

研学过程：

第一步，参观“复兴之路 · 新时代部分”

“复兴之路 · 新时代部分”以“不忘初心砥砺奋进——不断开创新时代中国特色社会主义事业新局面”为主题，全面展示党的十八大以来，以习近平同志为核心的党中央团结带领全国各族人民，统筹推进“五位一体”总体布局，协调推进“四个全面”战略布局，党和国家各项事业取得的历史性成就、发生的历史性变革。

学生统一参观考察，听讲解员讲解，看展品的文字、图品、影像，做笔记、拍照。

第二步，十八大以来新时代中国特色社会主义理论知识讨论

以小组为单位，结合历史和政治课本，开展新时代中国特色社会主义理论知识讨论。

1. 新时代中国共产党人的历史使命是什么？

2. 新时代中国“五位一体”总体布局是什么？

3. 新时代“四个全面”战略布局是什么？

4. 十八大以来我国发生了哪些历史性变革？

第三步，成果展示

把本次研学旅行活动的记录、照片、心得体会等收集整理，全班展示。

第四步，研学评价

采用学生自评、学生互评、专家评价、导师评价、学校评价五部分进行综合评价。

课　程

05

北京大学红楼

位于东城区五四大街 29 号的北京大学红楼，建筑面积约 11 000 平方米，始建于 1916 年，落成于 1918 年。原为北京大学校部、一院（文科）、图书馆所在地，是 20 世纪初中国新文化运动的营垒，五四爱国运动的策源地。这里也是李大钊、陈独秀、毛泽东最早传播马克思主义和民主科学进步思想的重要场所，是中国近代史上具有重要历史意义的见证地之一。北京大学红楼遗存有蔡元培办公室、图书馆主任室、文科学长室、登录室、五四游行筹备室、第二阅览室等。其全楼主体以红砖砌筑，红瓦铺顶，故称北大红楼，于 1961 年红楼被国务院公布为第一批全国重点文物保护单位。

微缩景观：《五四前夜》

新文化运动的营垒，五四运动的策源地：北大红楼

北大红楼内的图书馆主任室，李大钊曾在此办公

研学资料

探访北大红楼，寻找光辉起点

——北京大学红楼研学旅行主题课程方案

课程名称	探访北大红楼，寻找光辉起点						
设计人	赵东勋　李岑虎	**项目组长**		**学校代表**		**联系方式**	
研学对象	高中学生	**研学人数**	30	**带队老师**		**联系方式**	
总课时	1.5 小时	**研学目的地**	五四大街－北大红楼			**研学时间**	
研学目标	通过本次对北京大学红楼、对新文化运动的考察探究，以及举行北京共产主义小组成立情景剧、五四爱国运动情景剧表演等系列活动，让学生了解新文化运动，认识文化觉醒的意义，了解中国共产党初创时的不易，学习党的早期创始人革命的乐观主义精神，引导学生热爱中国共产党，热爱社会主义新中国。						
课程链接	人教版八年级《历史》上册第九课《新文化运动》。						
研学方式	小组合作法、讲授法、参观法、角色扮演法、头脑风暴法、调查访问法、查阅资料法、现场考察法。						
研学重点	考察北京大学红楼，探究新文化运动，表演北京共产主义小组成立情景剧，表演五四爱国运动情景剧。让学生了解新文化运动，认识文化觉醒的意义，了解中国共产党早期初创时的不易。						
研学难点	培养学生拥护中国共产党，热爱社会主义新中国的爱党爱国情怀。						

【研学过程】

专题课程一：走进北大红楼，探究红楼革命精神

研学内容：红楼的建筑历史、建筑特点、结构、功能、文物遗存；红楼里发生的革命大事件及其历史意义。

研学方法：查阅资料法、现场考察法、走访调查法。

研学过程：

第一步，分组活动

分成 5 个研学小组，建筑考察组、文物考察组、历史发展组、革命事件组、宣传报道组。

第二步，分配任务

给每个小组分配考察任务。

北京大学红楼研学旅行考察任务表

名称	组长	成员	任务
建筑考察组			对红楼的建筑考察
文物考察组			对红楼的文物考察
历史发展组			对红楼的历史发展考察
革命事件组			对红楼的革命事件考察
宣传报道组			负责资料整理、编写、宣传

第三步，开展活动

1. 以小组为单位，小组组长带领组员开展活动。

2. 通过查阅资料法、现场考察法、走访调查法等方法，完成自己小组分配的任务，写出调查报告，推出研究成果。

3. 最后宣传报道组整理汇总。

4. 指导师指导5个组长写出调查报告。

第四步，总结评议

通过学生访谈、填写评价表、提交报告、北大红楼项目专家评价等方式，进行总结评估。采用学生自评、学生互评、专家评价、导师评价、学校评价五部分进行综合评价。

专题课程二：新文化运动考察探究

研学内容：考察新文化运动的历史背景、主要领导人、主要内容、提出的口号，当时的马克思主义传播情况、北京共产主义小组成立情况，以及对新文化运动历史意义的评价。

研学方法：查阅资料法、现场考察法、走访调查法。

研学过程：

第一步，分组活动

分成8个研学小组，历史背景考察组、人物考察组、内容考察组、口号考察组、马克思学说研究组、共产主义小组调查组、历史意义评价组、宣传报道组。

第二步，分配任务

给每个小组分配考察任务。

新文化运动研学旅行考察任务表

名称	组长	成员	任务
历史背景考察组			考察新文化运动的历史背景
人物考察组			考察新文化运动的主要倡导者
内容考察组			考察新文化运动的主要内容

续表

名称	组长	成员	任务
口号研究组			研究新文化运动提出的口号
马克思学说研究组			研究当时的马克思主义思潮和相关的研究会
共产主义小组调查组			调查北京共产主义小组成立情况
历史意义评价组			考察研究新文化运动的历史意义
宣传报道组			负责其他组的资料整理、编写、宣传

第三步，开展活动

1. 以小组为单位，小组组长带领组员开展活动。

2. 通过查阅资料法、现场考察法、走访调查法等方法，完成自己小组分配的任务，写出调查报告，推出研究成果。

3. 最后宣传报道组整理汇总。

4. 指导师指导 8 个组长写出调查报告。

第四步，总结评议

通过学生访谈、填写评价表、提交报告、专家评价等方式，进行总结评估。采用学生自评、学生互评、专家评价、导师评价、学校评价五部分进行综合评价。

专题课程三：北京共产主义小组成立情景剧

研学内容：北京共产主义小组成立

研学方式：职业体验

研学方法：角色扮演法、头脑风暴法

研学过程：

第一步，分组活动

分成 11 个研学小组，策划组、编剧组、导演组、演员组、道具组、服装组、音响组、摄影组、化装组、美术组、宣传组。

第二步，分配任务

给每个小组分配考察任务。

北京共产主义小组成立情景剧任务表

名称	组长	成员	任务
编剧组			负责情景剧本的编写、策划
导演组			负责情景剧的导演和制作
演员组			负责情景剧演员的选拔和表演
道具组			负责情景剧的道具准备和管理
服装组			负责情景剧演员的服装准备和管理
摄影组			负责情景剧整个过程的摄影、录制
化装组			负责情景剧演员的化装
美术组			负责情景剧的美术工作
宣传组			负责情景剧演出的报道宣传

第三步，开展活动

1. 以小组为单位，小组组长带领组员开展准备活动，完成自己小组分配的任务。

2. 导演宣布北京共产主义小组成立情景剧表演开始。

演员李大钊、张申府、张国焘、蔡元培、毛泽东、陈独秀、鲁迅、邓中夏、高君宇、胡适、袁世凯、康有为等陆续登场表演。

1920 年 3 月，在李大钊的指导下，邓中夏、高君宇等 19 人在北京大学红楼秘密成立马克思学说研究会；10 月，在北京大学红楼一层东南角的李大钊办公室，李大钊、张申府、张国焘三人秘密成立北京共产主义小组。

各剧务小组根据自己的任务分工，开展各自工作。

3. 最后宣传报道组整理宣传报道，展示本次研学旅行成果。

红楼展厅内展出的《青年杂志》（后更名《新青年》）

第四步，总结评议

采用学生自评、学生互评、专家评价、导师评价、学校评价五部分进行综合评价。

专题课程四：五四爱国运动情景剧

研学内容：五四爱国运动情景剧

研学方式：职业体验

研学方法：角色扮演法、头脑风暴法、查找资料法。

研学过程：

第一步，分组活动

分成 11 个研学小组，策划组、编剧组、导演组、演员组、道具组、服装组、音响组、摄影组、化装组、美术组、宣传组。

第二步，分配任务

给每个小组分配考察任务。

五四爱国运动情景剧任务表

名称	组长	成员	任务
策划组			负责整个情景剧的策划、筹备、运营
编剧组			负责编写五四爱国运动情景剧
导演组			负责组织创作、技术和演员表演情景剧
演员组			负责表演情景剧
道具组			负责演出道具
服装组			负责演出服装
摄影组			负责演出摄影、录像
音响组			负责演出时的音响设备
化装组			负责演员化装
宣传组			负责本次研学旅行活动和情景剧的宣传
美术组			负责剧情美工

第三步，开展活动

1. 以小组为单位，小组组长带领组员开展准备活动，完成自己小组分配的任务。

2. 导演宣布五四运动情景剧表演开始。

扮演李大钊、陈独秀、章士钊、胡适、辜鸿铭、刘师培、鲁迅、匡互生、方豪、罗家伦、段祺瑞、徐世昌、傅增湘、曹汝霖、陆宗舆、章宗祥，以及军警、游行学生、日本代表的演员陆续登场表演。1919 年 5 月 4 日发生在北京的这场以青年学生为主，广大群众、市民、工商人士等阶层共同参与的，通过示威游行、请愿、罢工等多种形式进行的爱国运动，是中国人民彻底地反对帝国主义、封建主义的爱国运动，又称“五四风雷”。

各剧务小组根据自己的任务分工，开展各自工作。

3. 最后宣传报道组整理宣传报道，展示本次的研学旅行成果。

红楼内的五四游行筹备室

第四步，总结评议

采用学生自评、学生互评、专家评价、导师评价、学校评价五部分进行综合评价。

【安全措施】详见《研学旅行安全管理工作方案》《研学旅行应急预案及操作手册》《未成年人监护方法》。

【研学评价】可采用自我评价法、同学互评法、指导师评价法、家长评价法、广场评价法等多元化评价方式，具体略。

【活动经费】指导师会同学校财务部门确定，或者学校财务部门会同旅行社等服务方商定。

【研学反思】老师、学生均要反思，具体略。

【纪律要求】

1. 统一行动，不脱离队伍，随时清点人数。

2. 人员密集，注意防踩踏，防丢失财物。

3. 不与小商贩发生交易，不随意买零食。

4. 夏季高温防中暑。

5. 研学景区内不得大声喧哗，要文明研学，服从管理。

课 程

06

李大钊故居

李大钊故居位于西城区文华胡同 24 号（原石驸马大街后宅 35 号），是李大钊在北京租住的第四处宅院。他在此居住将近四年，也是他在故乡之外与家人生活时间最长的一处居所。故居为一小三合院，占地面积约 550 平方米，院子分为南北两个院落，从北往南进入院子，院门开在西北角，院子里没有南房，有北房三间，东、西厢房各三间，东、西耳房各两间。其中北房东屋为李大钊夫妇的卧室，东耳房为李大钊的长女李星华的卧室，东厢房北间为李大钊长子李葆华的卧室，南间是客房。西厢房为李大钊的书房。2019 年 9 月，北京李大钊故居被中共中央宣传部确定为第六批“全国爱国主义教育示范基地”之一。

全国爱国主义教育示范基地——李大钊故居

李大钊故居院内

李大钊的书房，他在这里接待过文化名流、进步学生，并写出一篇篇战斗檄文

铁肩担道义，妙手著文章

——李大钊故居研学旅行主题课程方案

研学资料

课程名称	铁肩担道义，妙手著文章						
设计人	赵东勋 李岑虎	项目组长	赵东勋	学校代表		联系方式	
学校班级	初中一年级	研学人数		带队老师		联系方式	
总课时	3 小时	研学目的地	李大钊故居			研学时间	
研学目标	通过参观李大钊故居，参加诵读活动和表演“播火者”李大钊情景剧，纪念李大钊，学习他勤学奋进、不怕牺牲、为民请命、为国担当的革命精神，传承革命先烈薪火，激发学生刻苦学习、努力奋斗、做新时代社会主义事业接班人的豪情壮志。						
研学线路	进入李大钊故居——北房三间——东厢房——西厢房。						
课程链接	人教版《语文》六年级下册:《十六年前的回忆》；初中《历史》。						
研学方式	考察探究、设计制作、职业体验、博物馆参观、党团队活动。						
研学方法	讲授法、榜样激励法、角色扮演法、参观考察法。						
研学重点	了解李大钊为民请命、为国担当的革命精神。						
研学难点	通过了解李大钊的革命精神，激发学生为共产主义刻苦学习、努力奋斗、做新时代社会主义事业接班人的豪情壮志。						

主题课程内容及实施流程

专题课程一：参观李大钊故居

研学准备：在学校时，研学指导师提前一周布置参观李大钊故居前的准备任务，引导学生分小组进行自我管理，查找有关李大钊事迹材料。

研学时间：1 小时

负责人：讲解员、导游员、指导师、安全员、带队老师

参观线路：进入李大钊故居——北房三间——东厢房——西厢房

聆听讲解：分组排列，进入故居。以班级为单位集中听讲解员讲解，了解李大钊英雄事迹。指导师配合提示、引导。师生同讲解员互动配合。以小组为单位讨论、记录。

纪律要求：

1. 由于李大钊故居较小，请各组小声讨论，不要有夸张的动作，不要大声喧哗，服从

马克思主义的“播火者”李大钊

管理。

2. 肃穆、庄重、安静；各组不掉队，全员参加。

3. 在指导师的指挥下以小组为单位自行研讨。

专题课程二：诵读课文《十六年前的回忆》

研学时间：1 小时

负责人：指导师、安全员、带队老师

基本流程：

参观故居后，以小组为单位开展诵读课文《十六年前的回忆》比赛活动。

1. 比赛规则：

（1）分组管理。全团 30 人，分成 5 组，每组 6 人。

（2）小组比赛。每组自行开展诵读课文比赛活动，择优选出第 1 名，参加全团比赛。

（3）全团比赛。各组推荐 1 名学生，共 5 名学生，集中参加比赛。设一等奖 1 名，二等奖 2 名，三等奖 2 名。

2.《十六年前的回忆》

（1）课文内容（见研学资料）。

（2）手机拍照留影。

3. 诵读课文

以小组为单位自行诵读。请小声诵读课文。

4. 小组选拔诵读最佳能手

小组通过诵读活动，推荐选拔 1 名诵读最佳能手，参加团队诵读比赛。

5. 全团诵读比赛。

各组推荐 1 名学生，集中参加比赛。评选出一等奖 1 名，二等奖 2 名，三等奖 3 名。

6. 颁奖活动

回去的大巴上，统一颁发。并谈谈获奖感言。

专题课程三：“播火者”李大钊情景剧

研学时间：1 小时

负责人：指导师、学校老师、班主任

研学地点：学校

研学内容：李大钊率先在中国传播马克思主义，并做出了历史性贡献：一是学习和接受马克思主义之后，成为中国最早的马克思主义传播者；二是系统研究马克思主义，在北京大学等高校开设课程，为中国革命事业培养了第一代马克思主义骨干人才；三是运用马克思主义来探索解决中国实际问题，把中国引向社会主义道路。

研学方式：职业体验

研学方法：角色扮演法、小组合作法

研学过程：

第一步，分组活动

分成 5 个研学小组，策划组、导演组、演员组、宣传组、事迹组。

第二步，分配任务

给“播火者”李大钊情景剧的每个小组分配任务。

编剧组，负责情景剧本的编写、策划。

导演组，负责情景剧的导演和制作。

演员组，负责情景剧演员的选拔和表演。

事迹组，负责收集整理李大钊事迹材料。

宣传组，负责整个剧务和研学旅行的宣传工作。

各剧务小组根据自己的任务分工，开展各自工作。

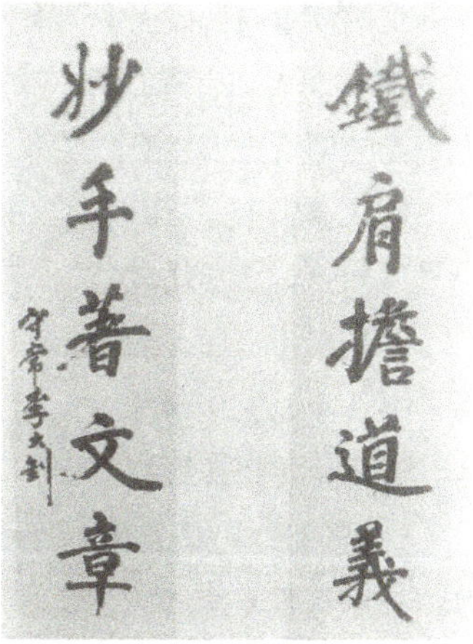

李大钊手书对联——铁肩担道义　妙手著文章

第三步，开展活动

1. 以小组为单位，小组组长带领组员开展准备活动，完成自己小组分配的任务。

2. 主要情节：

（1）传播马克思主义。1913—1916 年间，李大钊在日本东京早稻田大学留学，开始学习、传播社会主义和马克思主义学说。1919 年夏，李大钊写成《我的马克思主义观》，发表于《新青年》杂志上。

（2）成立社会团体。1920 年 3 月，李大钊在北京大学红楼秘密成立马克思学说研究会、社会主义研究会、北京社会主义青年团等多个社会团体。

（3）成立北京共产主义小组。1920 年 10 月，在北京大学红楼，李大钊等人成立北京共产主义小组。中国共产党成立后，李大钊代表党中央指导北方工作。1926 年 3 月，李大钊领导并亲自参加了反对日、英帝国主义和反对军阀张作霖、吴佩孚的斗争。在极端危险和困难的情况下，继续领导党的北方组织坚持革命斗争。

（4）从容就义。1927 年 4 月 6 日，奉系军阀张作霖勾结帝国主义，逮捕了李大钊。李大钊备受酷刑折磨。在监狱中，在法庭上，他始终大义凛然，坚贞不屈。4 月 28 日，军阀不顾广大人民群众和社会舆论的强烈反对和谴责，悍然将李大钊等 20 位革命者绞杀在北京西交民巷京师看守所内。李大钊第一个走上绞架，从容就义，时年 38 岁。

3. 导演宣布“播火者”李大钊情景剧表演开始。

演员李大钊、陈独秀、张申府、张国焘、蔡元培、毛泽东、鲁迅、邓中夏、张作霖、吴佩孚等陆续登场表演。

4. 表演结束，合影留念、视频存档。

第四步，总结评议

采用学生自评、学生互评、专家评价、导师评价、学校评价五部分进行综合评价。

第五步，宣传推广

最后宣传报道组整理照片、加工制作视频，并宣传报道，展示本次的研学旅行成果。

（师资配置、安全措施、研学评价、活动经费、研学反思、纪律要求等参考“天安门广场”主题课程方案。）

我是李大钊故居讲解员

——李大钊故居研学旅行专题课程方案

<table>
<tr><td>课程名称</td><td colspan="3">我是李大钊故居讲解员</td><td>研学地点</td><td colspan="3">北京市西城区文华胡同 24 号</td></tr>
<tr><td>学校班级</td><td colspan="3">职业高中</td><td>校方代表</td><td></td><td>带队老师</td><td></td></tr>
<tr><td>备课人</td><td>朱厚颖
李岑虎</td><td>指导师</td><td></td><td>导游</td><td></td><td>专题课时</td><td></td></tr>
<tr><td rowspan="4">课程目标</td><td>价值体认</td><td colspan="6">通过李大钊故居小小导游员的职业体验，感受导游职业的神圣和价值，感受最美丽的青春。懂得革命成功的来之不易，从而树立崇高的理想信念，为国家繁荣富强而努力学习。</td></tr>
<tr><td>责任担当</td><td colspan="6">自觉传播讲述李大钊同志的革命事迹，激励自身树立“功成必定有我”的奉献精神，肩负伟大民族复兴使命。</td></tr>
<tr><td>问题解决</td><td colspan="6">能够理清李大钊同志的主要成就和英雄事迹，做好导游工作。</td></tr>
<tr><td>创意物化</td><td colspan="6">能够设计李大钊故居讲解思维导图，同时也能讲解其他红色景区革命故事。</td></tr>
<tr><td>研学背景</td><td colspan="7">为缅怀中国共产主义运动的先驱、伟大的马克思主义者、中国共产党的主要创始人之一李大钊先生，北京的李大钊故居被改造为纪念馆，这里是李大钊传播马克思主义、创办中国共产党、领导北方工人运动、促成第一次国共合作等一系列革命实践活动最具代表性的历史见证。</td></tr>
<tr><td>课程链接</td><td colspan="7">人教版《语文》六年级下册:《十六年前的回忆》；初中《历史》。</td></tr>
<tr><td>研学内容</td><td colspan="7">体验导游讲解法、了解李大钊故居的院落组成、了解李大钊的革命事迹和成就。</td></tr>
<tr><td>研学重点</td><td colspan="7">导游讲解法、李大钊先生的革命事迹。</td></tr>
<tr><td>研学难点</td><td colspan="7">导游讲解法、学习革命先烈为革命事业的献身精神。</td></tr>
</table>

续表

活动方式	考察探究、社会服务、设计制作、职业体验、团队教育活动、博物馆参观。
教学方法	课堂讲授法、问题探究式、训练与实践式、现代信息技术。
教具准备	研学指导师：1. 任务单；2. 李大钊生平事迹材料；3. 学生证；4、话筒、导游旗、导游图、工作证、研学手册等。

研学旅行过程

研学前

【研学准备，设置问题】（行前一周）

问题一：李大钊先生的生平事迹都有哪些？

问题二：李大钊先生的主要成就都有哪些？

研学指导师将学生分成 7 个小组，分别做好讲解李大钊故居各个房间的准备：北房堂屋、北房东屋、西耳房、东耳房、西厢房、东厢房南屋、东厢房北屋。

学生自己查资料，由班长汇总，学生自己编写《李大钊故居研学旅行手册》，自己准备导游讲解用品。

研学中

【研学导入，提出问题】

研学指导师：同学们，我们现在已经达到了李大钊故居，稍后我们会跟着故居讲解员的步伐参观故居，请大家做好记录，思考以下三个问题：

1. 李大钊故居有几处，北京故居有着什么样的价值？

2. 北京故居有几个房间，每个房间的作用及其居住者都是谁？

3. 李大钊故居承载的是革命先驱为革命事业的奋斗生平，对比你现在居住的环境，生活的幸福年代，你能为国家和人民做些什么？

【研学新课，解决问题】（50 分钟）

一、指导师开场

（全陪随团导游将学生集合在院落，指导师首先开场引导，然后请故居讲解员讲解，最后指导师结合故居讲解员的讲解，引导学生开始独立讲解。）

请同学们先听故居讲解员姐姐是怎么讲解的，然后每组推荐一名同学担任讲解员，其他同学担任游客。故居讲解员姐姐讲完以后，我们同学以小组为单位，自行开展讲解，然后同学们相互点评。我们最后请景区讲解专家给我们点评。最后评选出 3 名讲解能手。

下面有请讲解员姐姐为我们整体示范讲解李大钊故居，请鼓掌。

二、讲解员讲解词

同学们好，我是李大钊故居讲解员李丹心，很高兴能为大家提供讲解服务，欢迎同学们来到李大钊故居研学。请同学们跟我追随李大钊先生足迹，领略我党早期革命事业之艰辛，见证伟人的革命精神。

这原是一座院落的后院，自成一体形成三合院格局，有正房 3 间，东、西耳房各 2 间，东、西厢房各 3 间。现在已依据文献记载和有关回忆，恢复 1920 年春至 1924 年 1 月间，李大钊一家在此居住时的原貌，以突出反映李大钊的家庭生活和革命活动。故居北房东屋为李大钊夫妇的卧室，东耳房为李大钊的长女李星华的卧室，东厢房北间为李大钊长子李葆华的卧室，南间是客房。西厢房为李大钊的书房。

（1）北房堂屋：接待客人和家人活动、用餐场所

堂屋和西屋为一个通间，是餐厅兼李大钊全家人的活动场所，在这间屋子里，曾经接待过陈独秀、邓中夏、梁漱溟、章士钊和吴弱男夫妇等众多同志和友人。其中屋内有两个掸瓶，中间一个座钟，寓意终生平安。

映入眼帘的是一副对联："铁肩担道义，妙手著文章。"这是李大钊取明代杨继盛的"铁肩担道义，辣手著文章"与宋代诗人陆游《文章》一诗"文章本天成，妙手偶得之"的内容改成此联，并分别送给杨子惠和吴弱男。家中也一直悬挂此联。现在已经成为李大钊一生精神风范的写照。

（2）北房东屋：李大钊夫妇的卧室

李大钊与夫人赵纫兰于 1899 年结婚，婚后真正生活在一起的日子多是学校寒、暑假。赵纫兰比李大钊大 6 岁，识字不多，在家服侍祖父，抚养子女，支持革命事业，含辛茹苦。李大钊、赵纫兰共同生活 27 年，而在一起最长久的日子，就是在这院子、这房间。

1924 年 5 月，在李大钊去苏联参加共产国际五大，知道将留在那里工作的时候，他写信给妻子："我这次出国说不定什么时候回来，你应当坚强起来，千万不要因为我的生活颠沛流离而焦急，应当振作起精神抚养和教育子女。不用多久，红旗将会飘满北京城，看那时的中国，竟是谁家天下！"赵纫兰 1927 年 4 月 6 日和李大钊一同被捕，她护着星华、炎华，在监狱里被关押 22 个昼夜，在法庭上与李大钊仅见一面。李大钊就义后，灵柩未能安葬，最使赵纫兰心痛。1933 年 4 月，她带病到北京，得到北京大学校长蒋梦麟等担保，为李大钊举行了公葬。35 天后的 5 月 28 日，即民间所说的忌日"五七"之日，赵纫兰病逝，终年 49 岁。1936 年 6 月，中共河北省委追认赵纫兰为中共党员。

（3）西厢房：李大钊的书房

在这里，李大钊主持过党的会议，明确表达自己的意见，认为党的名称应该是中国共产党；在这里，李大钊接待过文化名人、朋友、青年学生；在这里，李大钊写出的文章，涉及历史学、法学、政治学、教育学、伦理学和民族问题、妇女问题以及图书馆建设等，

为中国现代文化领域做出了开创性建树。

墙上挂着的几幅与同学、友人的合影，代表着李大钊的几个生活阶段。西厢房是李大钊和青年朋友谈心的地方，也是同志们的聚会地。据记载，1921 年 4 月 8 日，少年中国学会北京部分会员在这里举行谈话会，李大钊“出语诚恳忠实，与人和蔼，会上既谈了会务问题，又谈了青年的婚姻和自杀问题，谈话至十一点半尽兴而散”。1921 年 5 月 20 日，少年中国学会北京部分会员在这里举行临时会议，出席者有李大钊、黄日葵、高尚德、刘仁静等八人。

李大钊还在这里主持过党组织全体会议。1921 年 12 月 11 日，由罗章龙汇报陇海路罢工情况。为了庆祝罢工胜利，大家弹琴、唱歌、讲故事、说笑话。这种情况，一直到后来党组织在陶然亭有了聚会活动的地点后才改变。

李大钊被关押与就义的地方——京师看守所（今已不存）

（4）东厢房北屋：李葆华的住室

李葆华是李大钊的长子，他于 1920 年夏天到北京后居住在东厢房北屋。这里也是他与父亲共同生活时间最长的地方。他于 1925 年加入中国共产主义青年团。1927 年李大钊牺牲后，沈尹默等人帮助葆华化名杨震，去日本留学。1931 年在日本入党，任中共东京特别支部书记。回国后，历任京东特委书记、北平市委书记、晋察冀省委书记等职。1940 年去延安。1945 年，中共七大当选候补中央委员（化名为赵振声）。1948 年任中共北平市委第二书记兼统战部部长。1949 年任水利部党组书记、副部长。1962 年任安徽省委第一书记，后任贵州省委第二书记，中国人民银行党组书记、行长等职。

（5）东厢房南屋：客房

李大钊的家，时常有青年朋友和党内同志登门，不方便回去就住在东厢房南屋，就和在自己家一样，在这间房里，留下过于树德、邓中夏、陈乔年、赵世炎、罗章龙、高君宇、张太雷、刘仁静、陈愚生、秦德君、邓培等许多名留青史人物的生活足迹。

张太雷的夫人王一知回忆：1922 年冬季，“我在他家中住了近一个月，这是我终生难忘的一段生活。”“他圆圆的脸，面色有点苍白，细细的眼睛，留着胡子。脸上总是露出笑容。他穿着一件灰色的旧棉袍，一点架子也没有。”

三、学生自由观看，并记录各房间内部的陈设，编写简易导游词。

四、学生讲解

请同学们根据故居讲解员姐姐的讲解方法，每组先试讲，每个人都参加，每个人都要讲解，最后每组推荐一名同学担任讲解员，其他同学担任游客，自行开展讲解，然后点评。

下面有请各组分别讲解李大钊故居。

五、指导师、导游、班主任、带队老师巡回观看检查。

【研学总结，拓展问题】

一、总结点评。先同学们相互点评，再请景区讲解专家点评，最后指导师总结。

二、研学指导师总结提升：李大钊先生有一句名言：“试看将来的环球，必是赤旗的世界！”先生以文学影响政治、以身躯践行立的精神，是我们每一个人都要去学习的榜样。如今我们国家日益强大，很多同学对报国产生了误区，认为我们不需要宏伟的志向，这种思想是危险的。我们看到的只是表面现象，虽然我们处在新时代，但是我们的挑战还有很多，不管什么年代，为国为家的理想不能变，各位同学要立志报国、立志奉献！

三、能够设计李大钊故居讲解思维导图，同时也能讲解其他红色景区革命故事。

研学后

【研学评价，反思问题】

一、研学评价

（一）评价的内容：①学习态度；②合作精神；③探究能力；④社会实践能力；⑤人际交往能力；⑥收集信息能力；⑦创新创造能力；⑧设计与操作能力；⑨反思能力。

（二）①自我评价法；②同学互评法；③指导师评价法。④家长评价法；⑤基（营）地评价法；⑥旅行社评价法。

评选出 3 名讲解能手。

二、研学服务

（1）处理遗留问题；（2）结清账目；（3）提交物品；（4）撰写教学日志

三、指导师反思

反思内容：（1）对课程目标的反思；（2）对研学内容的反思；（3）对学生情况的反思；（4）对研学方法的反思；（5）对研学资源的反思；（6）对研学过程的反思；（7）对方案执行的反思；（8）对综合服务的反思。

研学成果

展示研学手册、讲解词、思维导图、讲解照片、录像等，制作画册、视频，宣传、收集存档。

课程

07

鲁迅博物馆

北京鲁迅博物馆（北京新文化运动纪念馆）是由原北京鲁迅博物馆和北京新文化运动纪念馆于 2014 年 7 月合并组建而成，包括鲁迅博物馆馆区和新文化运动纪念馆馆区，为国家一级博物馆。位于阜成门内大街宫门口二条 19 号的鲁迅博物馆馆区，内有鲁迅旧居及鲁迅陈列展览。作为全国重点文物保护单位，鲁迅旧居面积约 400 平方米，是鲁迅于 1924 年春天购入后自己设计改建而成的，也是迄今在北京保存最完整的一处鲁迅的居所。旧居内有北房三间，南房三间，东西厢房各两间，院中还保存着鲁迅当年手植的两棵丁香花。鲁迅在此生活了两年多，写下了《华盖集》《华盖集续编》《野草》三本文集和《彷徨》《朝花夕拾》《坟》中的部分篇章。1949 年 10 月 19 日，时值鲁迅逝世 13 周年之际，旧居正式对外开放。1956 年 10 月 19 日鲁迅逝世 20 周年时正式建馆并对外开放。

鲁迅博物馆内的鲁迅雕像

阜成门内的鲁迅故居

鲁迅卧室兼工作室

研学资料

学习鲁迅精神，勇担复兴重任

——鲁迅博物馆研学旅行主题课程方案

课程名称	学习鲁迅精神，勇担复兴重任						
设计人	赵东勋 李岑虎	项目组长	赵东勋	学校代表		联系方式	
学校班级	高二学生	研学人数	30	带队老师		联系方式	
总课时	4 小时	研学目的地	鲁迅博物馆			研学时间	
研学目标	通过参观鲁迅博物馆、共青团员重温入团誓词、调查探究鲁迅文学作品和表演鲁迅《阿Q正传》情景剧等活动，了解鲁迅事迹和文艺成就、学术成就，熟悉鲁迅文学作品及种类，掌握鲁迅在新文化运动中的文化救国革命思想。通过系列活动，激发学生爱党、爱国、爱人民的情感，担当为人民服务的重任，担负起中华民族伟大复兴的历史使命。						
课程链接	中小学课本中有大量鲁迅的作品。						
研学方式	考察探究、设计制作、职业体验、博物馆参观、党团队活动。						
研学方法	讲授法、激励法、角色扮演法、调查访问法、小组合作法。						
研学重点	了解鲁迅事迹和文艺成就、学术成就，熟悉鲁迅文学作品及种类，掌握鲁迅在新文化运动中的文化救国思想。						
研学难点	如何通过系列活动，激发学生爱党、爱国、爱人民的情感，担当为人民服务的重任，担负起中华民族伟大复兴的历史使命。						

主题课程内容及实施流程

专题课程一：鲁迅博物馆参观

研学时间：1 小时

负责人：导游员、指导师、安全员、带队老师

主要流程：

1. 分组开展活动；
2. 明确参观主题目标；
3. 参观博物馆并听博物馆讲解员讲解鲁迅事迹和成就；
4. 参观后的任务实施；
5. 分享参观后的成果交流讨论会、探讨鲁迅革命精神；

6. 回顾反思与总结。

纪律要求：先集中再分散，文明参观，注意不大声讨论。肃穆、庄重、安静。

专题课程二：重温入团誓词

研学时间：30 分钟

负责人：团干部、带队老师

主要流程：

明确活动目的；制订重温入团誓词活动计划；展示共青团团旗；团支部书记领读入团誓词；全体团员面向团旗重温入团誓词；团员代表发言，倡议开展共青团员学习鲁迅精神教育活动；活动成果展示；反思与改进。

专题课程三：探究鲁迅生平事迹，做新时代爱国青年

研学时间：30 分钟

研学方法：参观法；实物、图片展示法；多媒体法

主要流程：

1. 成立绍兴组、南京组、日本组、杭州组、北京组、厦门组、广州组、上海组 8 个小组。

2. 目标和任务：各组按区域调查研究鲁迅在本地的工作、学习、生活等情况。

3. 确定调研对象：实物、图片、影像、博物馆专家、老师等。

4. 开展调研活动：组长带领负责，以组为单位活动。收集图片、资料、录音录像。

5. 每小组形成鲁迅生平事迹调查成果报告。

6. 研学总结，评价反思。整个教学注意提高学生思想觉悟、做新时代爱国青年之目标。

专题课程四:《阿 Q 正传》情景剧

研学时间：1 小时

负责人：导游员、指导师、安全员、带队老师

研学方式：职业体验式

研学方法：角色扮演法、讨论法、小组合作法

实施流程：

1. 小组准备活动。在这个阶段，研学指导师可以根据学生的认知水平和知识经验选择一些学生最感兴趣的问题，然后通过描述并分析问题，创设问题性情境，帮助学生感受要扮演角色的情感、态度、价值观和面临的处境等。

2. 选出扮演者。研学指导师和学生共同分析角色的特点，然后由学生自己选出角色扮演者。学生可以选择个人特质与角色特质相符的角色，从而最大限度地激发学生参与的能动性和积极性，保证角色扮演活动的顺利进行。研学指导师应该尊重学生的选择，避免打击学生表演的积极性，影响教学活动的开展。

鲁迅

3. 安排活动场景。研学指导师需要根据教学目标和内容准备教学材料和道具。比如布置表演的场景，为学生提供角色扮演活动的流程，每个角色的介绍资料，角色扮演活动的教学评价表。研学指导师还可以根据角色需要，适当给学生提供服装或道具。

4. 组织观众。观众的积极参与可以加强情境的真实性，有助于学生真实的表现，并产生真实的情感体验。此外，研学指导师要给观众分配具体的任务，比如配合表演、帮助维持秩序、对表演进行分析评价等等。总之，要确保让每一个学生参与到角色扮演活动中。

5. 实施表演活动。根据前面的活动安排，角色扮演活动开始。这是实施角色扮演教学模式的主要教学阶段，既是对前面计划安排的检验，又是对后面评价、反思工作的引领。如果课程时间充足，可以重新设计情节，学生进行第二次角色表演活动，用不同的方法表演同一个角色，从而培养学生多角度考虑问题和解决问题的能力。

6. 讨论和评价。

（如果博物馆暂时不能开展这个专题课程，也可将情景剧延续到校内或者其他场所进行）

专题课程五：制作《呐喊》线装书

研学时间：1 小时

负责人：导游员、指导师、安全员、带队老师

研学方式：劳动教育、设计制作

研学方法：讲解法、体验法、讨论法、合作法

研学工具：线装书半成品、软笔、针、钻子、尺子、夹子、钉子、锤子、剪刀、铅笔、宣纸、云彩纸（当封面用）。

主要流程：

1. 明确制作线装书目标；

2. 创意设计《呐喊》线装书；

3. 选择活动材料或工具；

4. 动手制作。指导师向全体同学讲解、并示范线装书的六步制作方法。

第一步，将空白宣纸裁切成我们想要的大小，再将用作封面的云彩纸裁成和宣纸一样大小。

第二步，在当封面的云彩纸上，在右侧的上面和下面各画一个正方形或者长方形，中

段部分则平分成三段。

第三步，将文件与封面封底对齐，并用长尾夹子固定，紧接着用钻子将四个点钻孔全部钻透。

第四步，将线穿在针上，线的长度大约是书的长度的两倍半，开始时，先由第二孔开始，利用长尾夹子将线头固定，切记每一线段的线不可重复，每一线段必须穿到线。线头和线尾会在第二孔交汇在一起，再打一个平结，书本完成。

鲁迅的第一部小说集《呐喊》

第五步，摘抄鲁迅文章中的精彩句子，将其中的句子用小毛笔摘抄书写到制作的线装书里。

第六步，在封皮右侧的方框里用小毛笔竖着写上“鲁迅作品”四字，在适当的位置写上自己的名字。

5. 交流展示《呐喊》线装书作品，并说出自己对鲁迅的敬仰。

6. 结合学习实际，对比鲁迅革命精神，反思自己的不足，谈谈自己如何肩负时代使命，做一名合格的社会主义事业接班人。

（师资配置、安全措施、研学评价、活动经费、研学反思、纪律要求等参考“天安门广场”主题课程方案。）

鲁迅博物馆展厅一角

课　程

08

《京报》馆旧址·邵飘萍故居

铁肩辣手，快笔如刀——邵飘萍

位于宣武区骡马市大街魏染胡同30号的邵飘萍故居，是邵飘萍1916年后在北京的住所。邵飘萍是浙江东阳人，是《京报》的创办人，近代著名新闻工作者。《京报》于1918年创刊，原址在宣武门外珠巢街，1920年迁至此地。邵飘萍创办《京报》的宗旨是宣传进步思想，反对封建军阀制度，客观介绍马克思主义理论等进步思想，他大力提倡新闻救国，利用报刊来唤醒人民的觉悟。1926年，邵飘萍遭反动军阀杀害。毛泽东同志曾高度评价邵飘萍，称他是具有热情理想和优良品质的人。1984年，《京报》馆被列为北京市文物保护单位。2021年6月1日，邵飘萍故居旧址正式面向社会公众开放。

《京报》馆旧址内的“百年红色报刊”主题展览

铁肩辣手——邵飘萍雕像

故居内复原的邵飘萍的办公桌

走进传统胡同，探究新闻救国

——《京报》馆旧址 · 邵飘萍故居研学旅行主题课程方案

研学资料

课程名称	走进传统胡同，探究新闻救国						
设计人	赵东勋 李岑虎	项目组长	赵东勋	学校代表		联系方式	
学校班级	初一学生	研学人数		带队老师		联系方式	
总课时	1 小时	研学目的地	邵飘萍故居			研学时间	
研学目标	带领学生走进魏染胡同，探究北京胡同文化，形成对北京胡同文化的价值认同，让他们肩负起传承民族文化的重任；通过对植物敲拓染技术的学习体验，形成热爱劳动的良好习惯；通过对邵飘萍故居参观考察，了解邵飘萍烈士为了中华民族的复兴，开展新闻救国活动，唤醒中华民族的觉醒，不怕敌人，不怕牺牲的精神。通过“我是卖报小行家”的演唱和卖报活动，感受旧社会劳动人民和少年儿童生活的不易，以及他们对黑暗社会的愤怒与抗争，更加激发学生热爱中国共产党，做新时代好少年的雄心壮志。						
研学背景	魏染胡同属于北京城南老胡同，有印染文化底蕴；1984 年，《京报》馆被列为北京市文物保护单位，成为北京著名的红色景点。						
研学方式	考察探究、社会服务、设计制作、劳动教育、职业体验、博物馆参观、党团队活动。						
研学方法	小组合作法、调查法、讲解法、示范法、合作法、榜样激励法。						
研学重点	魏染胡同文化探究；植物敲拓染技术的学习体验；邵飘萍故居参观考察；“卖报小行家”的演唱和卖报活动。						
研学难点	如何传承北京胡同文化，形成对北京胡同文化的价值认同；如何掌握植物敲拓染技术；如何形成热爱劳动的良好习惯，认同劳动最美丽、劳动最光荣，热爱劳动人民；如何通过对邵飘萍故居参观考察，了解新闻救国；如何通过“我是卖报小行家”的演唱和卖报活动，激发爱党爱国、做新时代好少年的雄心壮志。						

主题课程内容及实施流程

专题课程一：走进魏染胡同，探究北京胡同文化

研学时间：1 小时

负责人：导游员、指导师、安全员、带队老师

研学方式：探究式、体验式

研学方法：小组合作法、调研法

研学内容：胡同的由来、规模、概况；胡同的建筑文化；胡同里的居民；胡同里的革命故事；胡同里的名人逸事；胡同里的大事。

研学过程：

1. 分6组开展调查探究活动：胡同概况组；胡同的建筑文化组；胡同里的居民组；胡同里的革命故事组；胡同里的名人逸事组；胡同里的大事调查组。

2. 每组在组长的带领下对分配的任务开展调查探究活动。

（1）要明确自己所要采访的对象及范围。

（2）联系参观的地点及有关人员。

（3）根据参观访问主题查阅参观访问对象的相关资料。

（4）教师可协同组织并设计参观访问的路线及人员。

（5）选择并设计参观访问的内容。

（6）要求学生带好记录工具，做好记录。

（7）教师以例证方式进行具体指导，如在描写参观对象时，要写清方位、布局、形状、色彩、构造、特色、功能等，能用数字说明的尽量用数字说明；注意所写内容的科学性、知识性和趣味性；用词要求准确、形象。

（8）参观行程结束后，进行简短的讨论总结，查看是否到达预期目的。

专题课程二：旧址参观

研学时间：1小时

负责人：讲解员、导游员、指导师、安全员、带队老师

研学方式：纪念馆参观式

研学流程：

1. 在学校提前一周布置任务，分成若干研学旅行小组，研究讨论邵飘萍事迹；

2. 到达邵飘萍故居后，跟随导游和研学指导师下车，进入故居，聆听故居讲解员讲解，深入了解邵飘萍烈士的英雄事迹；

3. 分组讨论：如何向烈士学习，新时代学生如何养成爱党爱国的好品德。

专题课程三：植物敲拓染技术

研学时间：1小时

负责人：指导师、安全员、带队老师

研学方式：劳动教育、职业体验、设计制作

研学方法：讲解法、示范法、合作法、榜样激励法

制作素材：采集来的花、草、叶，盐水、铁锈水适量

选用布料：纯棉、亚麻、真丝、人造棉等（棉布用前先放入盐水中煮一下，利于上色）

制作工具：锤子或鹅卵石、熨斗

制作步骤：

1. 从路边、公园、花店采集来新鲜植物，可花可叶。最好选择清晨时刻，因为植物吸收了夜间露水，汁水比较多，这样才比较容易拓染。使用前，除去不需要的树枝和烂叶，用清水清洗浸泡片刻，让叶片水分充足，便于萃取汁液。

2. 将叶片从水中取出（以红叶举例）拭干水分，放在想拓染的棉布上，再在植物上方盖一层厨房用纸。

3. 用铅笔标记下叶子大致形状，先用小锤子沿着叶片的轮廓敲击，继而敲击叶片内部。敲的时候要用力，尽量一次性析出植物的色彩。敲击至叶片的汁液流出，渗透进棉布。感觉叶片各个部位都被充分敲击之后，可以掀开上层纸巾看看是否敲拓完整，若发现有些地方的汁液尚未完全渗透，就再重复敲几次。

4. 敲好后，用熨斗熨干，熨烫的时间不能太长，烫平整就行。然后轻轻揭下叶片，难以揭起的部分可以轻轻用手指搓去。

5. 最简单的拓染步骤到这里就结束了，但若是要棉布持色长久，可以在干透后用盐水洗一下，或者蘸取铁锈水涂在叶片部分。

注意事项：

1. 相对于平整的叶片来说，拓染花朵就要复杂许多。因为花朵多是立体的，难以固定。最好先将花瓣轻轻摘下再进行敲拓，也可以把花蒂、花蕊取出后，用胶带固定花朵进行拓染。

2. 布料的不同、敲拓器具的不同，会有不一样的效果哦，即使是同一次拓印，受力程度不同，拓得的效果也完全不同。有些拓面的色彩丰富，拓出来的颜色就很饱满；有些拓面的纹路很清晰，可以看见叶片的叶脉。成功的作品带有一种浑然天成的美，保有植物完整的叶脉经络，就像是植物的灵魂被捕捉了下来。

（因本基地位于北京魏染胡同，此胡同就因明初有魏氏染坊而得名，具有悠久的印染文化底蕴，所以设置该课程，如果现场条件不允许，也可回学校开展）

专题课程四："我是卖报小行家"

研学时间：1 课时

负责人：导游员、指导师、安全员、带队老师

研学方式：职业体验式

研学内容：唱《卖报歌》，卖《京报》报纸

研学目的：通过卖报纸活动，体会旧社会报童的苦难生活及对光明的渴望，通过活动鼓励学生刻苦学习，不怕吃苦，热爱劳动，热爱劳动人民，努力让自己成为一名合格的新时代社会主义事业接班人。

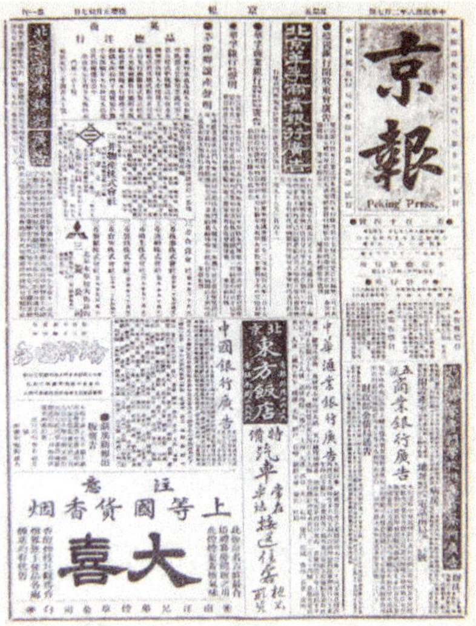
京報
Peking Press
北京東方飯店
中國銀行廣告
上等國貨香烟
大喜

《京报》报影

邵飘萍的部分著作

研学流程：

1. 确定活动目标。

2. 研究《卖报歌》创作人、创作背景和歌曲特点。《卖报歌》是音乐家聂耳创作于 20 世纪 30 年代的一首脍炙人口的儿童歌曲。乐曲曲调简单，朗朗上口，曲调明快、流畅，以朴实生动的语言，辛辣诙谐的笔调，深刻地描述了旧社会报童的苦难生活及他们对光明的渴望。

3. 学唱《卖报歌》：

啦啦啦 啦啦啦，我是卖报的小行家，不等天明去等派报，一面走，一面叫，今天的新闻真正好，七个铜板就买两份报。

啦啦啦 啦啦啦，我是卖报的小行家，大风大雨里满街跑，走不好，滑一跤，满身的泥水惹人笑，饥饿寒冷只有我知道。

啦啦啦 啦啦啦，我是卖报的小行家，耐饥耐寒地满街跑，吃不饱，睡不好，痛苦的生活向谁告，总有一天光明会来到。

4. 探讨卖报纸的方法。要求把现代营销理论和方法，融入传统卖报纸行业之中。

5. 模拟卖报纸。以小组为单位，开展卖报纸比赛。

6. 活动总结、评估。

（师资配置、安全措施、研学评价、活动经费、研学反思、纪律要求等参考“天安门广场”主题课程方案。）

课 程

09

宣南文化博物馆

宣南文化博物馆由明代古刹长椿寺改建而来。博物馆以宣南文化为主题，生动地展示了宣南地区的悠久历史和丰厚文化积淀。宣南地区是北京建城和建都的肇始之地，近代以来，宣南更是一片革命的热土，从谭嗣同、徐锡麟、秋瑾到孙中山、黄兴、宋教仁；从陈独秀、李大钊、鲁迅、邵飘萍到毛泽东、周恩来……无数仁人志士、革命先烈都在宣南留下了生活、战斗的光辉足迹，博物馆中的英烈足迹展厅特别展示了这一段历史，也使宣南文化博物馆成了有名的红色景点。除此之外，博物馆内还有悠悠宣南、宣南士乡、梨园胜景、城南乐园、民族团结等多个展厅，从多个侧面展示了宣南地区的京剧曲艺文化、市井民俗文化、多民族和谐团结文化，使这里成为展现北京古都风貌的一处靓丽风景。

李大钊在宣南的足迹——李大钊与邓中夏等“少年中国学会”成员在宣南“岳云别墅”合影

长椿寺大殿，如今已成为宣南文化博物馆的一部分

梨园盛景展厅中展出的京剧盔头：七星额子

梨园盛景展厅中陈列的京剧脸谱：太史慈

走进宣南文化博物馆，探索兴国强国之路

——宣南文化博物馆研学旅行主题课程方案

研学资料

课程名称	走进宣南文化博物馆，探索兴国强国之路						
设计人	赵东勋　李岑虎	**项目组长**	赵东勋	**学校代表**		**联系方式**	
学校班级	初中生	**研学人数**	30	**带队老师**		**联系方式**	
总课时	3 小时	**研学目的地**	宣南文化博物馆英烈足迹厅			**研学时间**	
研学目标	通过对宣南文化博物馆的考察探究、体验，让学生了解宣南悠久的发展历史，掌握宣南沃土上的英烈足迹，了解“国粹”京剧，了解京师民俗文化和商业文化，熟悉北京牛街里民族团结的故事，进一步激发学生热爱北京、热爱我们伟大的祖国的热情，同时向革命英烈学习，继承革命先驱遗志，站在时代前列，探求中华民族振兴道路，坚定社会主义道路自信，做新时代的接班人。						
研学方式	考察探究、社会服务、设计制作、劳动教育、职业体验、博物馆参观、党团队活动。						
研学方法	授课与互动结合。集中与分组交叉进行。						
研学重点	了解宣南悠久的发展历史；探寻宣南沃土上的英烈足迹；了解“国粹”京剧，以及京师民俗文化和商业文化；了解北京牛街里民族团结的故事。						
研学难点	如何激发学生热爱北京、热爱我们伟大的祖国的热情；如何向革命英烈学习，继承革命先驱遗志，站在时代前列，探求中华民族振兴道路；如何坚定社会主义道路自信，做新时代的接班人。						

主题课程内容及实施流程

专题课程一：悠悠宣南，巍巍北京

研学时间：30 分钟

负责人：讲解员、指导师、导游、带队老师、安全员

研学方式：考察探究式

研学方法：讲授法、调查法、观察法

研学流程：

首先聆听宣南文化博物馆讲解员的讲解，再分组调查，通过博物馆资料了解北京的历史变化，探究北京的发展历程。

主要内容：

三千多年以前，在山水环绕的北京小平原上，生活繁衍着我们的先民。传说中的“幽

都”在周武王克殷反商的推动下，诞生了“蓟国”，于是有了北京最初的城。岁月交替，代有更迭，由蓟城发端，经秦汉、越隋唐、历辽金、及明清，演绎了古都北京沉雄辉煌的历史。在我们追溯北京城历史演进轨迹时，当不能忘怀——悠悠宣南。

专题课程二：随英烈足迹走遍宣南沃土

研学时间：30 分钟

负责人：讲解员、指导师、导游、带队老师、安全员

研学方法：讲授法、调查法、观察法

研学流程：

1. 首先聆听宣南文化博物馆讲解员的讲解。

2. 再分组调查在宣南生活工作过的革命先驱，查找博物馆资料。

通过博物馆资料了解到：在宣南沃土上，众多革命先驱站在时代前列，探求民族振兴道路，谱写了一曲曲救国救民、与反动势力奋勇斗争的壮丽诗篇。

在宣南生活工作过的革命先驱，有徐锡麟、秋瑾、孙中山、黄兴、宋教仁、蔡锷、鲁迅、陈独秀、李大钊、毛泽东、周恩来、邓中夏、高君宇、邵飘萍……他们都曾在此留下了为民族独立、国家富强而奋斗的光辉足迹。

3. 小组内交流汇报革命先驱的英雄事迹。

4. 小组评价。

专题课程三：走进梨园胜景，探究“国粹”京剧

研学时间：30 分钟

负责人：讲解员、指导师、京剧表演艺术家、导游、带队老师、安全员

研学方式：考察探究式

研学方法：讲授法、调查法、观察法

研学流程：

首先聆听宣南文化博物馆讲解员的讲解，带着下列问题再分组调查京剧的历史知识。

主要内容：

1. 京剧的发展历史

中国戏曲历经八百余年，传承悠久，列世界三大古典戏剧之一。从金代院本，元代杂剧，到明清传奇；从昆（曲）弋（阳腔）繁荣到四大徽班进京；从京剧诞生到走进黄金时代成为“国粹”，都与宣南结下不解之缘。二百年的京剧史，一章一页都在宣南留下了痕迹。

2. 京剧的代表人物

在这片沃土上，产生了程长庚、谭鑫培、杨小楼、梅兰芳、马连良等一代又一代京剧艺术大师。几百位著名演员居住、生活在宣南幽静的小巷中。以富连成为代表的众多戏曲科班培养了数以千计的优秀演员，支撑了近百年的京剧艺术殿堂，宣南星罗棋布的戏楼剧场则为京剧繁荣提供了舞台。

3. 京剧的角色分类

有生、旦、净、丑四大行，每种行当内又有细致的进一步分工。精良独特的器乐、道具、戏装行业为京剧演出增色生辉。

4. 京剧表演的艺术手法及模拟表演

京剧表演有四种艺术手法：唱、念、做、打，也是京剧表演四项基本功。

在京剧表演艺术家的指导下学生自主开展模拟表演。

5. 京剧角色及脸谱

京剧专家讲解、示范，然后学生画脸谱，开展画脸谱研学活动。

（1）舞台上的京剧角色划分成为生、旦、净、丑四种类型。

（2）分类

红脸含有褒义，代表忠勇；黑脸为中性，代表猛智；蓝脸和绿脸也为中性，代表草莽英雄；黄脸和白脸含贬义，代表奸诈凶恶；金脸和银脸是神秘，代表神妖。

（3）脸谱画法

京剧脸谱的画法，基本上分为三类：揉脸、抹脸、勾脸。脸谱最初的作用，只是夸大剧中角色的五官部位和面部的纹理，用夸张的手法表现剧中人的性格、心理和生理上的特征，以此来为整个戏剧的情节服务，可是发展到后来，脸谱由简到繁、由粗到细、由表及里、由浅到深，本身就逐渐成为一种具有民族特色的、以人的面部为表现手段的图案艺术了。

在京剧表演艺术家的指导下学生动手画脸谱。

6. 探究京剧的作用和影响

“国剧学会”推动了京剧的学术研究，“梨园公会”凝聚了整个行业的精神。宣南是当之无愧的“京剧之乡”。

专题课程四：走进宣南文化博物馆，探究京师民俗文化和商业文化

研学时间：30 分钟

负责人：讲解员、指导师、导游、带队老师、安全员

研学地点：宣南文化博物馆城南乐园展厅、百年兴商展厅

研学方式：考察探究式

研学方法：讲授法、调查法、观察法

研学流程：

首先聆听宣南文化博物馆讲解员的讲解，带着问题再分组调查京师民俗文化和商业文化。然后分组交流、总结、评比。

主要内容：

1. 京师民俗文化

京师民俗文化和民间艺术，堪称锦绣斑斓生动鲜活。京师四大庙会之一的土地庙会和抬像出游的江南城隍庙庙会在宣南虽已消失，但厂甸、天桥风韵犹存。二百年来，新春逛

厂甸已成为北京人的习俗（现已移至陶然亭公园）。士女云集，摩肩接踵，空竹、风车、大糖葫芦伴随着欢声笑语。百戏争艳的天桥，无数惊人的绝技让人目不暇接。三代“八大怪”永远被人们怀念。一代代艺术传人从这里起步成为大师，被人景仰。厂甸与天桥是北京民俗文化和民间艺术的标志，是宣南文化独有的品牌。

2. 京师商业文化

明永乐初年，于京城商业兴盛处设“廊房”，安置商铺；至清，南城成为国人进京公干、求学、经商的驻足之地。上至官绅，下至平民，衣食住行等各方面的需求构成了巨大的市场。于是，宣南地区逐步形成大栅栏、菜市口、琉璃厂、天桥等各具特色、门类齐全的商业区和若干行业性商业街，古玩、玉器、餐饮、金融等业态各异，应有尽有。几百年来，众多老字号以独特的文化内涵和诚信的儒商底蕴名扬四海，构成了宣南文化的绚丽风景。

专题课程五：北京牛街里的民族团结故事

研学时间：1 小时

负责人：讲解员、指导师、导游、带队老师、安全员

研学方式：考察探究式

研学方法：讲授法、调查法、观察法

研学流程：

首先聆听宣南文化博物馆讲解员的讲解，带着问题再分组调查北京牛街的由来、牛街的少数民族种类、牛街的经济文化。然后分组交流、总结、评比。

主要内容：

1. 北京牛街的由来

北京牛街一带，是宣南具有悠久历史的少数民族聚居区。唐幽州，辽南京时期已有来自北方及西域的少数民族在这里生活、繁衍。元代以后更多的回族人聚集于此。古老的牛街礼拜寺，以其千年的历史、宏伟的规模闻名于伊斯兰世界。纯朴的回族人民，在宣南土地上代代生息。

2. 牛街的少数民族种类调查

几百年来，牛街地区汉、回、蒙、维、满等少数民族和谐相处，谱写了宣南文化色彩鲜明的一章。

3. 牛街的经济文化

在文化教育普及、传统医学继承领域，以及珠宝玉器、饮食小吃等行业的经营上，牛街地区都取得了独特的成就。

（师资配置、安全措施、研学评价、活动经费、研学反思、纪律要求等参考“天安门广场”主题课程方案。）

课 程

10

“三一八”惨案发生地及纪念地

段祺瑞执政府前的“三一八”惨案发生地纪念碑

1926 年 3 月 18 日，在段祺瑞执政府门口的广场上，李大钊带领的 5000 余北京群众、学生，举行抗议“八国”提出的最后通牒的集会。段祺瑞政府卫队对手无寸铁的群众开枪射杀，致使刘和珍、魏士毅等 47 人当场死亡，200 多人受伤，事件震惊中外，史称“三一八”惨案。鲁迅先生还特别创作了《记念刘和珍君》一文，揭露反动政府的黑暗。为了纪念为革命牺牲的烈士，在“三一八”惨案后 3 周年，在北京圆明园西南面“九州清宴”遗址，修建了一座占地约 100 平方米“三一八”烈士墓。墓碑四周有 28 位烈士的坟茔，在高达九米的大理石墓碑上，镌刻着“三一八烈士公墓”几个大字。此外，北京大学、清华大学、北京师范大学等也分别为牺牲的学生修建了纪念碑。

段祺瑞执政府旧址内的建筑

圆明园内的“三一八烈士公墓”

中華民國十五年三月二十二號

段賈衛隊十八日夜間大衝突

衛隊大屠殺後之第四日

慘案善後委員會積極進行

△各團體辦理善後

△各方面憤慨表示

北京各界廢約驅段大同盟

慘案善後委員會主張國葬

《京报》上关于“三一八”惨案的报导

缅怀烈士，勿忘“三一八”

——“三一八”惨案发生地及纪念地研学旅行主题课程方案

研学资料

课程名称	缅怀烈士，勿忘“三一八”						
设计人	程建刚　王剑如 王　彬	项目组长		学校代表		联系方式	
研学对象	初三—高一	研学人数		带队老师		联系方式	
总课时	5 小时	研学目的地	段祺瑞执政府旧址　圆明园 “三一八”烈士墓			研学时间	
研学目标	通过参观“三一八”惨案发生地，引导学生了解惨案发生的时代背景，感恩现在和平幸福的生活来之不易，学习英烈们不屈不挠的革命精神，为全面实现“中国梦”而努力学习，奋斗。						
研学线路	1. 早晨旅游大巴准时从学校或者集合地出发，研学指导师沿当年李大钊同志带领 5000 群众和学生游行走过的线路（天安门广场，东单牌楼，东单北大街，至张自忠路，段祺瑞执政府旧址门口），讲解“三一八”事件的发生背景。 2. 参观段祺瑞执政府旧址，了解遗址历史概况，建筑风格，做好调研记录，留存影像资料，为参加班组讨论发言做好准备工作。 3. 集体乘车至圆明园九州清宴“三一八烈士墓”。						
课程链接	人教版《语文》高一《记念刘和珍君》；苏教版《语文》初三《记念刘和珍君》；人教版部编本《语文》五年级上册《少年中国说》。						
研学方式	考察探究、职业体验、设计制作、党团队活动。						
研学方法	讲述教学法、实践教学法、讨论教学法、演绎教学法、小组合作法。						
研学重点	引导学生了解“三一八”惨案的时代背景，七人及段祺瑞执政政府的历史变迁。						
研学难点	如何理解革命先烈、历史人物的思想行为；如何培养爱国精神。						

主题课程内容及实施流程

专题课程一：熟读鲁迅先生的《记念刘和珍君》

研学时间：1 课时

负责人：历史老师、指导师

地点：学校

研学流程：

由历史老师带领学生熟读课文，并讲解事件的历史背景。

专题课程二：重走游行革命路

研学时间：1 小时

负责人：指导师、导游

研学流程：

早晨旅游大巴准时从学校或者集合地出发，沿当年李大钊同志带领群众和学生游行走过的道路，经天安门广场、东单牌楼、东单北大街，至张自忠路段祺瑞执政府门口，指导师沿途讲解“三一八”事件。

专题课程三：参观段祺瑞执政府遗址，了解遗址历史概况

研学时间：1 小时

负责人：指导师、导游、安全员

研学流程：

组织学生实地考察和参观段祺瑞执政府旧址，充分利用手机查找遗址相关历史资料，为回顾历史、丰满革命人物形象做好准备。

专题课程四：情景导入，缅怀先烈

研学时间：1 小时

负责人：指导师、导游、安全员

研学流程：

学生集体乘车至圆明园九州清宴“三一八”烈士墓，乘车途中，由指导师设定课题，分组讨论。例如：角色还原，每组选派一个学生，扮演鲁迅、刘和珍、杨德群、张静淑等，并为各组代表创作台词，还原英烈们在最后牺牲之前和牺牲时所说的话，根据人物性格，事件环境，设计出英烈们没有说完的话，由角色扮演者进入角色，用话剧的方式表现出来，以丰富人物形象，加深学生对革命先烈的崇敬之情。活动可以分创作和展示两个部分。

专题课程五：凭吊先烈

研学时间：1 课时

负责人：学校老师、班主任、研学指导师

地点：圆明园九州清宴“三一八”烈士墓

主持：带队领导或老师

人员：全体活动师生

研学流程：

1. 举行悼念仪式，念悼词，献花圈，指导师带领大家齐诵《记念刘和珍君》。

2. 学生发表研学感言，完成研学手册。

（师资配置、安全措施、研学评价、活动经费、研学反思、纪律要求等参考“天安门广场”主题课程方案。）

课 程

11

李大钊烈士陵园

李大钊

著名的香山脚下，有一座万安公墓，在公墓的正中间，有一座坐西朝东，占地达到 2200 平方米的院落，这里就是中国共产党的创始人之一——李大钊同志的烈士陵园。1927 年 4 月 6 日，李大钊在北平被捕，1927 年 4 月 28 日，被奉系军阀残忍杀害，时年 38 岁。1933 年，李大钊的遗体入葬万安公墓，1983 年 10 月 29 日，李大钊烈士陵园正式落成。2020 年 4 月，入选北京市首批新时代文明实践基地名单。2021 年 3 月，被北京市文物局确定为北京市第一批不可移动革命文物。同年 6 月 1 日，李大钊烈士陵园对外开放。

李大钊烈士陵园内的李大钊雕像

李大钊烈士陵园位于香山脚下的万安公墓内

走近伟人　继承遗志　砥砺前行

——李大钊烈士陵园研学旅行主题课程方案

研学资料

课程名称	走近伟人　继承遗志　砥砺前行						
设计人	程建刚　王剑如 王　彬	**项目组长**		**学校代表**		**联系方式**	
研学对象	小学二—六年级	**研学人数**		**带队老师**		**联系方式**	
总课时	5 小时	**研学目的地**	李大钊烈士陵园			**研学时间**	
研学目标	知识目标：了解李大钊同志的生平，了解新文化运动，了解俄国的十月革命对李大钊和中国的影响。 能力目标：通过研学旅行活动，同学们碰到的问题，去寻找解决问题的方法，让我们走出教室，面向社会，面向现实寻找答案，这个过程，是研学之旅最大的魅力所在。 价值体认：通过“走近伟人，继承遗志，砥砺前行”红色研学活动，我们希望同学们能够更深层次的思考问题，为什么李大钊先生说：“军阀不能救中国，君主立宪也不能救中国，那是什么能够救中国？”						
研学线路	1. 学校或集合点集体乘车，至李大钊烈士陵园，排队有序入园参观； 2. 现场教学，研学指导师带领大家参观李大钊烈士生平陈列展，了解李大钊烈士生平事迹，了解什么是“南陈北李”； 3. 组织凭吊活动，集体朗诵《少年中国说》。						
课程链接	人教版《语文》二年级下册《我的爸爸》；六年级下册《十六年前的回忆》。						
研学方式	考察探究、职业体验、设计制作、党团队活动。						
研学方法	讲述教学法、实践教学法、讨论教学法、演绎教学法、小组合作法。						
研学重点	了解李大钊革命烈士生平，“南陈北李”是什么含义，了解新文化运动。						
研学难点	了解是什么精神支撑着革命先烈洒热血，抛头颅，义无反顾走向革命道路。						

主题课程内容及实施流程

专题课程一：研读课文，了解先烈

研学时间：1 课时

负责人：语文老师、指导师

研学内容：

在学校组织同学们学习《十六年前的回忆》和《我的爸爸》，了解李大钊烈士的革命事迹。

专题课程二：凭吊先烈，继承遗志

研学时间：1 小时

负责人：指导师、导游

研学内容：

在李大钊烈士陵园内，举行庄重肃穆的凭吊仪式。

1. 组织学生清扫陵园；

2. 列队整装，带队领导或老师主持悼念活动；

3. 唱国歌、默哀三分钟，敬献花圈、在革命先烈墓前宣誓；

4. 诵读《少年中国说》；

5. 仪式结束。

专题课程三：参观展览，了解生平

研学时间：1 小时

负责人：指导师、导游、安全员

研学内容：

在讲解员的带领下了解李大钊同志生平事迹，了解什么是“南陈北李”，了解新文化运动。

专题课程四：讨论展示，评价鼓励

研学时间：1 小时

负责人：指导师、导游、安全员

分散讨论：

参观完李大钊烈士生平展后，以小组为单位，分散讨论研学要学习的知识点。

集中展示：

以小组为单位，选派代表，就小组所讨论的问题，发表演讲，展示研学课上所了解的红色革命历史知识。同学们可以进行评议，选拔出最优演讲者、优秀演讲者、最佳组织奖等奖项，对积极参加红色研学的同学予以鼓励。

专题课程五：制作留言树，展示学习

研学时间：1 课时

负责人：学校老师、班主任

研学内容：

学生手动 DIY，写下自己对历史革命事业的认识，挂在留言树上，在学校或班级宣传园地展示，供同学们互相学习。

（师资配置、安全措施、研学评价、活动经费、研学反思、纪律要求等参考“天安门广场”主题课程方案。）

课 程

12

香山双清别墅·香山革命纪念馆

香山双清别墅，得名于两眼清澈的泉水，乾隆皇帝赐名双清。然而，真正使这里闻名天下的，不只是这里秀丽的山川，美丽的风景，而是因为毛泽东主席曾经在这里居住过。1949 年 3 月 25 日，毛主席率领中共中央领导机关进驻香山，并在这里指挥了举世闻名的渡江战役，完成了解放全中国的伟大进军。同时还筹备了新政协会议，并做好了创建新中国的准备工作。可以说，香山是党中央“进京赶考”的第一站，也是中国革命进程中从农村转战城市的第一站。毛主席说：“我们绝不当李自成，我们都希望考个好成绩！”直到 8 月 23 日，毛主席才正式离开双清别墅，搬进了中南海的菊香书屋。

香山革命纪念馆位于香山脚下，为中共中央北京香山革命纪念地的一部分，纪念馆于 2018 年 4 月 23 日始建，2019 年 9 月 13 日正式对外开放，馆内的《为新中国奠基——中共中央在香山》主题展览，由“进京‘赶考’”“进驻香山”“继续指挥解放全中国”“新中国筹建”“不忘初心 牢记使命 永远奋斗”5 大部分、15 个单元构成，共展出图片约 800 张，各类文物约 1200 件。

毛主席在香山的住地——双清别墅院内

香山革命纪念馆

研学资料

追循领袖足迹　牢记初心使命

——香山双清别墅、香山革命纪念馆研学旅行主题课程方案

课程名称	追循领袖足迹　牢记初心使命						
设计人	程建刚　王剑如　王　彬	项目组长		学校代表		联系方式	
研学对象	六年级	研学人数		带队老师		联系方式	
总课时	4 小时	研学目的地	香山双清别墅、香山革命纪念馆			研学时间	
研学目标	能力目标：每一次研学旅行活动，走出去，都会碰到问题，有我们自己设置的问题，也有研学旅行过程中的问题。寻找解决问题的方法，就是我们走出教室，向社会、向现实寻找答案，这个过程正是研学之旅最大的魅力所在。 价值体认：通过这次红色研学活动，我们希望同学们能够更多地了解中国革命史，了解香山的双清别墅，了解中国共产党党史，并理解毛主席所说的“进京赶考”和“决不当李自成”的含义。当找到问题的答案时，同学们一定会对领导人平易近人、决策果断，同时又保持清醒头脑的工作作风所折服，并意识到我们现在和平幸福生活的来之不易。						
研学线路	1. 学校或集合点集体乘车，至香山革命纪念馆和香山公园双清别墅。 2. 香山下车后，参观香山革命纪念馆，随后步行至双清别墅，有序参观。 3. 通过对双清别墅陈列展和香山革命纪念馆的参观，还原历史，了解那段峥嵘岁月，通过现场教学，启发引导，明白党中央进京“赶考”的含义。						
研学方式	考察探究、职业体验、设计制作、党团队活动。						
研学方法	讲述教学法、实践教学法、讨论教学法、演绎教学法、小组合作法。						
研学重点	了解香山双清别墅的历史概况，理解为什么毛主席说进驻香山是党中央进京“赶考”，考的是什么？						
研学难点	历史背景，历史人物，历史事件。						

主题课程内容及实施流程

专题课程一：了解香山革命背景，走进香山革命纪念馆

研学时间：1 小时

负责人：语文老师、研学指导师、纪念馆讲解员

研学地点：香山革命纪念馆

研学内容：

1. 列队集中宣讲香山革命纪念馆的概况，以及修建香山革命纪念馆的意义；

2. 组织同学们宣誓唱校歌或国歌活动；

3. 按照展览顺序，跟随讲解员参观香山革命纪念馆，仔细聆听讲解；

4. 参观前布置研学任务：

（1）建筑会说话，找出香山革命纪念馆建筑布局所蕴含的意义；

（2）在1200件革命文物中，找出三件自己认为最有意义的，写一篇三分钟的讲解词，以小组选拔，班级现场评比展示，决出名次。

专题课程二：聆听讲解，了解历史

研学时间：1小时

负责人：指导师、导游

研学地点：双清别墅

研学内容：

参观香山双清别墅，沉浸式感受历史事件，通过讲解员对双清别墅及所陈列展品的讲解，了解党中央进京“赶考”，以及毛主席入住香山双清别墅后，所发生的重要历史事件。如果还有时间，还可以参观附近的来青轩（朱德、刘少奇、周恩来、任弼时同志办公居住地）。

专题课程三：诵读诗词，缅怀伟人

研学时间：1小时

负责人：指导师、导游、安全员

研学内容：

集中诵读毛主席诗词《七律·人民解放军占领南京》和《沁园春·雪》，活动后，以小组为单位，完成研学任务和研学手册。

专题课程四：讨论展示环节

研学时间：1小时

负责人：指导师、导游、安全员

研学内容：

参观完双清别墅陈列展后，以小组为单位，分散讨论研学要学习的知识点。然后以小组为单位，选派代表，就小组所讨论的问题，发表演讲，展示研学课上所了解的红色革命历史知识。

评选先进：

同学们可以进行评议，选拔出最优演讲者、优秀演讲者、最佳组织奖等奖项，对积极参加红色研学的同学予以鼓励。

专题课程五：解答问题环节

研学时间：1 课时

负责人：学校老师、班主任

研学内容：

香山革命纪念馆内的大型雕塑

1949 年 3 月 23 日上午，毛泽东率中共中央机关离开西柏坡前往北平。出发时，毛泽东回过头来对周恩来说：“今天是进京的日子，进京赶考去。”周恩来回答：“我们应当都能考试及格，不要退回来。”毛泽东说：“退回来就失败了。我们决不当李自成！我们都希望考个好成绩。”

问题：“进京赶考”意味着什么？为什么“决不当李自成”？毛主席他们考出好成绩了吗？

评选先进：

提示同学们进行解答，选拔出解答陈述的一、二、三等奖，对积极参加红色研学的同学予以鼓励。

师资配置	每班研学指导师 1 名、带队老师 2 名、导游 1 名、安保人员 1 名、医护人员 1 名、家长志愿者 2 名。
安全措施	详见《研学旅行安全管理工作方案》《研学旅行应急预案及操作手册》《未成年人监护方法》。
研学评价	可采用自我评价法、同学互评法、指导师评价法、家长评价法、广场评价法等多元化评价方式，具体略。
活动经费	指导师会同学校财务部门确定，或者学校财务部门会同旅行社等服务方商定。
研学反思	老师、学生均要反思，具体略。
纪律要求	1. 研学旅行期间请学校自备饮水、食物，补充能量。全程禁止任何研学人员饮酒。 2. 研学旅行期间安全第一，请听从老师和导游的统一安排，不要单独行动。登山时做到走路不看景、看景不走路。 3. 研学旅行中拍摄时，请注意安全，不要到有危险的地区拍摄或攀爬。 4. 研学旅行时请穿运动鞋或平底鞋，不要穿新皮鞋、高跟鞋和硬底鞋。 5. 学生在行程中自助用餐时应注意卫生，在分组活动、自由研学活动时应注意安全。 6. 研学旅行途中手机、照相机、摄像机等贵重物品随身携带，请自身注意保管，切勿离手，如遗失、损坏责任自负。

课　程

13

中国人民革命军事博物馆

中国人民革命军事博物馆，位于北京市复兴路 9 号。展览大楼于 1958 年 10 月兴建，1959 年 3 月 12 日，经中共中央军事委员会批准，正式定名为中国人民革命军事博物馆。同年 7 月建成，1960 年 8 月 1 日正式开放，是向国庆 10 周年献礼的首都十大建筑之一。2017 年 7 月加固改造后的军事博物馆展览大楼建筑面积 15.9 万平方米，陈列面积近 6 万平方米。主楼建筑高 94.7 米，南北两侧各 4 层，楼顶装有直径 6 米的巨大的中国人民解放军军徽。全馆有 43 个陈列厅（区）。军事博物馆主要收藏、研究、陈列反映中国共产党领导的军事斗争历程和人民军队建设成就的文物、实物、文献、资料，以及反映中华民族五千年军事历史和世界军事史的文物、实物、文献、资料。中国人民革命军事博物馆是中国第一个综合类军事历史博物馆，第二批中国 20 世纪建筑遗产、全国爱国主义教育基地、全国中小学生研学实践教育基地。

中国人民革命军事博物馆外景

“中国共产党领导的革命战争陈列”里的革命者雕塑

“功臣”号坦克，1945 年 11 月缴获自日本关东军，曾参加三下江南、攻打锦州、解放天津等战役，并参加了开国大典

研学资料

铭记伟大胜利　捍卫和平正义

——走进中国人民革命军事博物馆

设计人	李岑虎 赵东勋 李子尚			**学校代表**	
研学对象	初中一年级	**研学人数**	36	**带队老师**	李子尚
总课时	5 小时	**研学目的地**	中国人民革命军事博物馆、学校		
研学目标	通过参观中国共产党领导的革命战争陈列、兵器陈列，让学生熟悉中国共产党领导新民主主义革命的辉煌历程和取得的伟大成就，熟悉中国人民解放军武器装备的发展历史，熟悉中国人民解放军不断进步、不断壮大的强大军事实力，牢记中华民族近代以来艰苦卓绝的战争经历，坚信我国是一个逐渐强大、拥有而且能够自主研发各种武器装备的伟大强国。激发每一位学生的爱国情怀和民族自豪感。引导学生加强历史使命感和责任感，铭记作为“强国一代”的责任与担当，追寻红色足迹，继承和发扬中国共产党人坚贞不屈、自强不息的爱国主义精神。引导学生好好珍惜当前的美好生活，牢记革命先烈的丰功伟绩，弘扬我党革命优良传统，为祖国发展建设刻苦学习，贡献自己的力量。				
研学内容	入队入团仪式；考察中国共产党领导的革命战争陈列、兵器陈列，听解说员讲述红色故事。				
研学方式	博物馆参观、考察探究、团队活动。				
研学方法	讲解法、演讲法、知识问答法、成果展示法、调查访问法、讨论法、小组合作法。				
研学重点	考察中国共产党领导的革命战争陈列、兵器陈列，听解说员讲述红色故事。				
研学难点	如何通过参观考察系列活动，激发学生的历史使命感和责任感，铭记作为“强国一代”的责任与担当，继承和发扬中华民族坚贞不屈、自强不息的爱国主义精神，传承红色精神，赓续红色血脉。				
研学要求	1. 讲解方式：聘请军博专职解说员、志愿者解说员讲解；申请研学旅行指导师讲解。 2. 始终围绕红色研学旅行目标教学。 3. 始终遵循统一听讲，分组活动原则。也可以直接采取化整为零的方式分组活动，6 人一组，每组 6 人，组长负责，每组配备一位老师随团监护。 4. 确保全员参加，亲自体验。 5. 发挥团员、少先队员、班干部等先模学生的带头作用。 6. 始终提醒注意安全，不掉队，师资人员全场监护。 7. 研学评价贯穿全程。				

主题课程内容及实施流程

专题课程一：团队携手继承红色传统　星火并肩实现复兴理想——入队入团仪式

研学地点：在军博馆内开展入队入团仪式活动，主办单位需向馆方提出申请，经馆方允许后，按照预约方可组织实施。也可参加完考察军博馆活动后，回到学校后举行。

研学方式：考察探究式、纪念馆参观式、团队活动式

研学方法：讲解法、讨论法、小组合作法。

研学过程：

一、共青团员入团仪式

1. 全体立正，唱国歌；

2. 团委书记宣布新团员名单；

3. 授予团员标志，佩戴团徽；

4. 宣誓。由仪式主持人领读，面对鲜红团旗，举右手握紧拳头，庄严宣誓。

中国共产主义青年团入团誓词：我志愿加入中国共产主义青年团，坚决拥护中国共产党的领导，遵守团的章程，执行团的决议，履行团员义务，严守团的纪律，勤奋学习，积极工作，吃苦在前，享受在后，为共产主义事业而奋斗。

5. 新团员代表讲话；

6. 仪式结束。

二、少先队员重温入队誓词

全体少先队员佩戴鲜艳的红领巾，面对少先队队旗，握紧小拳头，在辅导员引领下，庄严宣誓：我是中国少年先锋队队员，我在队旗下宣誓：我热爱中国共产党，热爱祖国，热爱人民，好好学习，好好锻炼，准备着：为共产主义事业贡献力量！

三、领导致辞

1. 军博首长讲话

首长为各中队旗手佩戴红领巾，并表达对青少年殷切的希望。希望每一位同学珍惜新时代美好时光，勤奋学习，不怕困难，在追逐梦想的路上勇敢前进，无怨无悔。

2. 学校领导讲话

军博是全国爱国主义教育示范基地，在这里举办入队、入团仪式，更能激发同学们对少先队、共青团的热爱。在人民军队历史上的功勋武器面前系上红领巾、戴上团徽，并庄严宣誓，更能加强学生的历史使命感和责任感，铭记作为“强国一代”的责任与担当，继承和发扬中华民族坚贞不屈、自强不息的爱国主义精神。

说明：领导致辞，根据场地和实际情况具体安排，不拘一格。

专题课程二：走进“中国共产党领导的革命战争陈列”展

研学要求：

仪式结束后，集合排队，按顺序逐个走进“中国共产党领导的革命战争陈列”展参观，聆听军博讲解员讲解。在每个展厅学生要一边聆听讲解，一边走、一边听、一边看、一边做记录，在大量图片和史料实物面前驻足观望，详细查看各种武器和背后的故事，并及时拍照、绘画。各小组组长，检查记录、拍照、素描情况。同学们互相提醒、帮助。

一、参观“中国共产党领导的革命战争陈列”展

“中国共产党领导的革命战争陈列”，主要展示 1921 年至 1949 年，党领导新民主主义革命的辉煌历程和取得的伟大成就。展示内容以中国共产党领导的革命战争史为主线，重点是人民军队战史、军史，突出军事特色，处理好军战史与党史、革命史的关系，处理好人民军队建设史和作战史的关系。展示面积 6300 平方米，位于展览大楼二层东、西各 3 个展厅，共 6 个展厅，展出照片图表等 1200 余张、文物 2400 余件，此外还有大量艺术品。

（一）参观“土地革命战争”部分

“土地革命战争”主要展示 1927 年 8 月至 1937 年 7 月，中国共产党领导中国工农红军和中国人民为反对国民党蒋介石集团的统治、废除封建土地制度、建立工农民主政权而进行的土地革命战争的历史。

整个陈列共分六部分：中国共产党的早期军事活动；各地武装起义和中国工农红军的创建；游击战争的开展和革命根据地的创建；红军反“围剿”及其作战原则的形成；红军长征和南方三年游击战争；由国内革命战争向抗日民族战争的战略转变。

陈列内容突出反映了中国工农红军在中国共产党领导下，从无到有，从小到大，逐渐发展成为一支不怕任何艰难困苦、英勇善战的新型人民军队的光辉战斗历程；重点展示了以毛泽东为代表的中国共产党人，把马列主义与中国实际相结合，领导人民军队开创中国革命道路，确立人民军队的建军原则，并逐步形成一整套适合中国革命战争的人民战争的战略战术；揭示了只有在中国共产党领导下的武装斗争，才能救国救民的历史必然性。

（二）参观“全国抗日战争”部分

“全国抗日战争”部分位于中国人民革命军事博物馆原展览大楼二楼东、西侧。主要展示 1937 年 7 月至 1945 年 8 月，在中国共产党倡导的、以国共合作为基础的抗日民族统一战线的旗帜下，进行全民族抗战的历史。

整个陈列内容分为“积极准备，对日作战”“八路军、新四军出师作战，开辟敌后战场”“敌后战场逐渐成为全国抗战的主战场”“根据地军民坚持艰苦的敌后抗战”“解放区军民反攻夺取抗战胜利”等 5 个单元。陈列中客观、系统地展示了中国共产党在全民族抗战中的中流砥柱作用和党领导下的八路军、新四军、华南人民抗日游击队和东北抗日联军在抗战中的主力军作用。

（三）参观“全国解放战争”部分

“全国解放战争”部分位于中国人民革命军事博物馆原展览大楼二楼东侧，主要展示1945年至1949年，在中国共产党的领导下，中国人民和人民解放军经过浴血奋战，推翻国民党政权统治，夺取新民主主义革命胜利，建立新中国的光辉历史。

“全国解放战争”部分陈列内容分为“争取和平民主，准备应付内战”“实行战略防御”“转入战略进攻”“军队建设在战争中的发展”“举行战略决战”“实施战略追击”6个单元。陈列内容突出展示了毛泽东等革命领袖们运筹帷幄，决胜千里的高超的军事指挥艺术；反映了中国人民解放军打败国民党军进攻，千里跃进大别山，逐鹿中原，决战辽沈、淮海、平津，强渡长江，解放全中国的光辉战斗历程和革命英雄主义精神；同时也展示了革命先烈捐躯华夏、血洒中原的英雄事迹，以及人民群众对革命战争的支援。展览还以专题陈列形式，再现了解放战争时期人民解放军的自身建设、后方建设、军民关系等。在展现军事历史的同时，也再现了这一时期的军事文化。

二、自由活动，分组分馆进行考察探究

统一讲解结束后，全班化整为零，以小组为单位，随团老师跟随保护，采用拍照、绘画、摄像、采访等博物馆许可的方式，收集材料，调查取证，查找典型历史故事案例。然后小组内交流汇报，每人至少能记住并说出三个以上问题。

（一）考察“土地革命战争”部分，思考问题：

1. 人民军队的创始人都有谁？

譬如，毛泽东、周恩来、朱德……

2. 主要的革命圣地有哪些？为什么被称为革命圣地？

譬如，井冈山、古田、瑞金、遵义、延安、瓦窑堡、西柏坡等。

3. 展厅内著名的珍贵文物有哪些？这些革命文物有什么故事？

4. 展厅内有哪些绘画和雕塑艺术品？你如何评价它们？

5. 分享交流自己学习的成果。

记录本、拍照、绘画、摄像等资料均可。组长检查，组内评比数量和质量。

（二）考察“全国抗日战争”部分，思考问题：

1. “全国抗日战争”部分的著名文物有哪些？有什么作用？

譬如，击毙日军“名将之花”阿部规秀的迫击炮、抗日英雄杨靖宇的铜印、国际主义战士白求恩使用过的止血钳、新四军军长叶挺在狱中穿过的军衣、八路军副参谋长左权使用过的转轮手枪、白洋淀雁翎队打击日军用的“大抬杆”枪、百团大战中缴获的日本国旗以及侵华日军首要战犯冈村宁次呈缴的佩刀……这些珍贵文物，是中华民族团结御侮的象征，是日本法西斯侵华失败的见证。

2. “全国抗日战争”部分有哪些艺术作品？有什么故事？

譬如，雕塑《大刀向鬼子们的头上砍去》，生动再现了中国共产党领导的抗日武装同仇敌忾、奋勇杀敌的英雄形象。《长城烽火》背景画，象征着中华民族不畏强暴，团结抗战的精神。新创作的油画《百团大战》，形象地表现了中国共产党领导八路军 100 多个团在华北敌后向日本侵略军发动游击战争的历史画面。《地道战》表现了冀中军民布下天罗地网，陷敌于人民战争汪洋大海的生动场景，揭示了“兵民是胜利之本”的真理。

3.“全国抗日战争”部分提到的中国共产党领导下的抗战英雄有哪些？请说出 10 人以上的名字及其英雄事迹。

4. 十四年抗战的胜利，说明了什么道理？

生动地说明了中华民族不可侮，侵略者必败，反侵略的正义战争必胜。

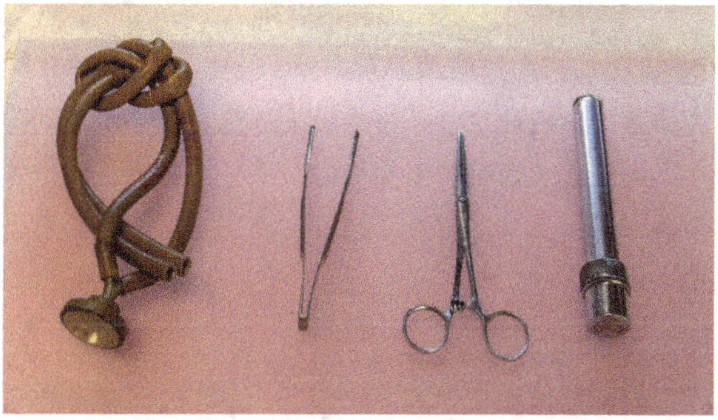

军博展品：白求恩使用过的医疗器械

赵一曼生前使用的瓷碗，其故事曾入选小学课本

（三）考察“全国解放战争”部分思考问题：

1.“全国解放战争”部分运用的现代技术有哪些种类？代表作品有哪些？

譬如，雕塑、绘画、景观等艺术形式及声、光、电等现代技术，实现了内容与形式的完美结合。

2.“全国解放战争”部分展示的历史文物、历史图片有什么故事？

三、分享交流自己在“中国共产党领导的革命战争陈列”的学习成果

记录本、拍照、绘画、摄像等资料均可。组长检查，组内评比数量和质量。

专题课程三：走进兵器陈列展厅，探究军事科学奥秘

一、参观“兵器陈列”

仪式结束后，集合排队走进“兵器陈列”展厅参观，聆听导游讲解。学生一边聆听军博讲解员讲解，一边走、一边听、一边看、一边做记录，在大量图片和史料实物面前驻足观望，详细查看各种武器，并及时拍照、素描。各小组组长，检查记录、拍照、素描情况。同学们互相提醒、帮助。

“兵器陈列”分三个展区，负一层中央大厅陈列坦克装甲车辆、各型火炮、U2 飞机残骸、红旗 2 号导弹，一层中央大厅陈列飞机、导弹和舰艇，二层东、西、南 3 个回廊陈列手枪、步枪、冲锋枪、机枪、弹药、刀具等。展示面积 18 500 平方米，主要展示我军曾使用、缴获和研制的 2500 余件武器装备。

二、自由活动，分组考察探究

讲解结束后，全班化整为零，以小组为单位，随团老师跟随保护，采用拍照、绘画、摄像、采访等博物馆许可的方式，收集材料，调查取证，查找人民解放军兵器史上的典型兵器。然后小组内交流汇报，每人至少能记住并说出三个以上代表兵器。

1. 查找人民解放军兵器史上的第一。

譬如，人民解放军的第一辆坦克——“功臣号”，以此坦克为基础创建了人民解放军第一支坦克大队，并在后来的战斗中屡建功勋；人民解放军第一所航空学校使用的教练机——日本造九九式高级教练机，它为培养人民解放军空军第一批飞行员立下了功劳。还有人民解放军第一代地对地战术导弹——东风 1 号导弹；中国自行生产的第一代喷气式歼击机——歼 5 歼击机；中国自行生产的第一代坦克——五九式中型坦克；中国自行生产的第一代地对空导弹——红旗 2 号地对空导弹等等。

2. 查找人民军队在历次战斗中立过战功的功勋武器。

3. 分组分别去导弹武器装备技术厅、核武器与核技术和平利用厅、海军武器装备技术厅、陆军轻武器装备技术厅、陆军重武器装备技术厅，查找典型的大国重器代表。

三、分享交流自己在兵器陈列展厅的学习成果

记录本、拍照、绘画、摄像等资料均可。组长检查，组内评比数量和质量。

“军魂”雕塑

专题课程四：军博讲解员来到我们学校

研学时间：2 课时

研学地点：学校

研学内容：军博讲解员来到学校，讲解红色故事、朗诵红色故事、开展革命知识问答

研学方式：报告式、演讲式、比赛式

研学方法：讲解法、问答法、讨论法

中国共产党领导的革命战争陈列

研学流程：

一、军博讲解员讲解红色故事

譬如，王泉媛奶奶铁心向党、坚守信仰的故事；两弹结合实验后的“阵地七勇士”隐姓埋名的坚守故事；八步沙“六老汉”洒血挥汗为荒漠带来绿色的希望；女游击队员海棠与丈夫白德胜的刑场相遇；革命伉俪陈觉和赵云霄的红色家书故事等等。

二、学生朗诵红色故事

学校提前一周设定朗诵红色故事的范围，让学生自由选取，然后准备，研学指导师负责指导。

三、开展革命知识问答

主要内容是中国共产党革命历史知识，学校提前一周把材料下发同学们的手中。

四、分享交流、提升觉悟

上述活动结束后，指导师引导，学生自行开展，锻炼合作能力，向优秀的共产党员学习，传承共产党人的革命精神。

研学安全须知

一、请自觉接受安检，严禁将易燃易爆、管制器械等危险品带入馆内。双肩背包（不含）以上的大型箱包不允许携带入馆，需寄存。

二、酗酒者、衣冠不整者、无行为能力者谢绝入馆。14 岁以下儿童须亲友陪同参观。

三、展厅内请勿摄像，拍照时请勿使用闪光灯及三脚架。展厅内设立不可拍照提示标识的内容，请勿拍照。

四、请文明参观，爱护并正确使用公共设施；请勿攀爬、触摸文物及展品。

五、自觉维护环境卫生，请勿丢弃杂物，请勿在馆内吸烟。

六、如遇各类突发事件，请服从馆内工作人员指挥。

（师资配置、安全措施、研学评价、活动经费、研学反思等参考“天安门广场”主题课程方案。）

课　程

14

北平和平解放五里桥谈判旧址

五里桥公园内的文化长廊，对北平和平解放的全过程进行了详细介绍

北平和平解放五里桥谈判地旧址位于北京市朝阳区常营乡五里桥村张家大院，2010 年被列入北京市革命遗址名单。2013 年，朝阳区委党史办联合朝阳区文化委员会、朝阳区常营回族乡人民政府共同修建了北平和平解放五里桥谈判纪念碑。纪念碑坐北朝南，坐落在朝阳区常营回族乡东高路东侧“万亩大造林”内，与五里桥谈判遗址只有一路之隔。1949 年年初举行的五里桥谈判，最终促成北平和平解放，使古都免遭战火涂炭，其历史功绩永载史册。五里桥谈判纪念碑的建成，对于保护革命遗址、进行爱国主义和革命传统教育具有重要意义。

北平和平解放五里桥谈判纪念碑

五里桥公园内关于五里桥谈判的介绍墙

研学资料

见证北平和平解放

——北平和平解放五里桥谈判旧址研学旅行主题课程方案

课程名称	见证北平和平解放						
设计人	王剑如　王　彬	**项目组长**		**学校代表**		**联系方式**	
研学对象	10-11 年级学生	**研学人数**	200	**带队老师**		**联系方式**	
总课时	3.5 小时	**研学目的地**	五里桥公园、朝阳规划艺术馆			**研学时间**	
研学目标	通过现场参观五里桥谈判纪念碑和相关纪念建筑，让学生了解五里桥谈判对北平和平解放的重要性，提升对近代史的了解； 通过角色扮演，场景还原再现五里桥谈判的过程，提升艺术修养和学习兴趣； 通过五里桥谈判纪念碑现场考察和情景还原，追寻先烈足迹，感悟人物情感，行为方向，在思想上引起共鸣，增强中小学生民族自豪感，培养爱国情怀。						
研学线路	1. 五里桥公园停车场集合，排队有序进入公园，纪念碑前集体合影。 2. 现场教学，解读五里桥谈判事件，学生齐诵碑文。 3. 现场考察，见证北平和平解放五里桥谈判遗址，分组讨论并依据史料分配角色。 4. 走进朝阳规划艺术馆，参观后根据角色分配，开展沉浸式体验现场演绎还原五里桥谈判。 5. 考察活动结束，总结回程。						
课程链接	人教版高中《历史》第 17 课“解放战争”。						
研学方式	考察探究、职业体验、参观访问、情景体验。						
研学方法	讲授法、体验法、讨论法、小组合作法。						
研学重点	解读五里桥谈判事件；角色分配；沉浸式体验演绎。						
研学难点	五里桥谈判事件过程解读；五里桥谈判角色扮演。						

主题课程内容及实施流程

专题课程一：见证北平和平解放——走进五里桥公园

研学时间：1.5 课时

负责人：指导师、导游、安全员

研学内容：

1. 研学行前准备：入校宣教与初步自探

入校宣教课：以班级为单位，入班进行，学生参加。安全课分上下午两批次在会议礼堂进行，学生、家长、老师均要参加。

2. 研学行中实施：主题引导与实践探究

（1）教学导入

学生下车后，与学校老师一起引导学生在五里桥公园停车场外集合，排队有序进入公园，在纪念碑前集体合影。

（2）现场教学

现场教学，结合书本课文，在广场的主题碑及浮雕前具体讲解五里桥谈判事件。指导师带领学生齐诵碑文。

（3）引导探究

探讨：现场考察，见证北平和平解放五里桥谈判遗址，分组讨论并依据史料分配角色，以还原现场，模拟谈判。

演绎：带领学生走进朝阳规划艺术馆，参观后根据角色分配，开展沉浸式体验，现场演绎还原五里桥谈判。

3. 研学行后总结：拓展评价与成果展示

每位同学将自己的收获在一周内以研究报告、小论文、游记、摄影集萃等形式表达出来，提供给指导师。指导师会同学校对学生的研学成果给予特等、一至三等四级评价，记入成才档案，并给予适当奖励。

专题课程二：沉浸式体验，场景还原——五里桥谈判

研学时间：1.5 小时

负责人：指导师、导游、安全员

研学方法：讲解式、体验式

研学内容：

1. 参观朝阳规划艺术馆体验教室，沉浸式感受历史事件，按等比例还原出历史影像，包括北平和平解放时期的珍贵史料、相关影视素材及幻灯片等。

2. 移步换景，由场馆老师带领学员穿越在历史时空，按之前角色分配，上演由学员扮演的“五里桥谈判”等情景体验剧目。

3. 活动结束，总结分享回程。

（师资配置、安全措施、研学评价、活动经费、研学反思、纪律要求等参考“天安门广场”主题课程方案。）

课　程

15

长辛店二七纪念馆

长辛店二七纪念馆位于北京市丰台区长辛店火车站附近，距卢沟桥仅 1.5 公里。纪念馆共有 8 个展室，室内放置的展柜中，陈列着二七革命斗争的史料和文物，柜外陈设着大件文物、油画和模型等。馆内收藏和保存着京汉铁路工人革命斗争的大量实物，是北京市青少年教育基地和铁道爱国主义教育基地。2021 年 6 月 1 日，长辛店二七纪念馆正式面向社会开放。在纪念馆周边，还分布着二七烈士墓、二七机车厂旧址、北京留法勤工俭学旧址等诸多革命遗址。

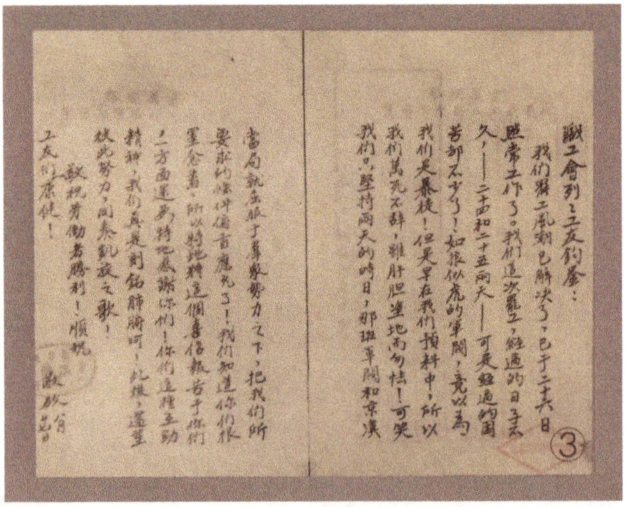
職工會列三工友鈞鑒：
我們罷工風潮已解決了，已于二十六日照常工作了。我們這次罷工，經過的日子不久，——二十四和二十五兩天——可是經過的困苦卻不少了！如狼似虎的軍閥，竟以為我們是暴徒！但是早在我們預料中，所以我們萬死不辭，雖肝腦塗地而勿怯！可笑我們只堅持兩天的時日，那班軍閥和京漢當局就屈服于群眾勢力之下，把我們所要求的條件俱皆應允了！我們知道你們很罣念着，所以特地將這個喜信報告于你們二方面，還要特地感謝你們！你們這種互助精神，我們真是刻銘肺腑呵！此後，還望彼此努力，同奏凱旋之歌！
敬祝勞動者勝利！順祝
工友們康健！
敬啟
③

长辛店铁路工人罢工胜利的档案

展现二七大罢工的大型浮雕

长辛店二七纪念馆内景

研学资料

长辛店与中国工人运动探究

——长辛店二七纪念馆研学旅行主题课程方案

课程名称	长辛店与中国工人运动探究						
设计人	李媛媛 李岑虎	**项目组长**		**学校代表**		**联系方式**	
研学对象	初中生	**研学人数**	30	**带队老师**		**联系方式**	
总课时	4 小时	**研学目的地**	长辛店二七纪念馆			**研学时间**	
研学目标	通过参观考察长辛店二七纪念馆，让学生学习掌握国歌和《国际歌》，了解二七大罢工的历史事件，掌握二七烈士的丰功伟绩和不怕牺牲的革命精神，熟悉共产党领导下的工人运动，体验纪念馆讲解员的职业精神，了解中国共产党成立前后开展的革命斗争和工人运动的光辉历史。让学生树立艰苦奋斗、奋发图强的时代精神，让学生在行走中感悟初心，在共鸣中牢记使命。						
研学链接	人教版《品德与社会》六年级上册“不能忘记的屈辱”；人教版《品德与社会》六年级上册“起来，不愿做奴隶的人们”；人教版初中《历史》“二七大罢工”。						
研学方式	考察探究、职业体验、博物馆参观、党团队活动。						
研学方法	讲授法、讨论法、角色扮演法、职业体验法。						
研学重点	学唱国歌和《国际歌》；二七大罢工的历史事件；探究共产党领导下的工人运动；二七纪念馆讲解大比拼。						
研学难点	通过了解二七大罢工的历史事件、了解中国共产党成立前后开展的革命斗争和工人运动的光辉历史；让学生领会学习二七烈士的丰功伟绩和不怕牺牲的革命精神；让学生树立艰苦奋斗、奋发图强的时代精神，让学生在行走中感悟初心，在共鸣中牢记使命。						

主题课程内容及实施流程

专题课程一：合唱国歌和《国际歌》

研学时间：30 分钟

负责人：指导师、导游

研学流程：

导游在上车前发放研学手册。检查安全带并系好安全带，讲解安全手册。随后指导师发放国歌和《国际歌》歌词，指导师教唱国歌《国际歌》，为此次研学活动奠定思想基础和感情基础。

专题课程二：参观纪念馆，探究工人运动

研学时间：1 小时

负责人：指导师、导游、带队老师、安全员

研学地点：长辛店二七纪念馆

研学流程：

上车前发放研学手册。检查原来布置的问题，查看手册中的二七大罢工的相关材料。下车后导游、带队老师组织学生在纪念馆广场内集合，列队分组由老师带队跟随讲解员参观。

重点参观“北方的红星——长辛店与中国工人运动专题展”。该展览通过不同视觉效果，向学生们生动展示了老一辈无产阶级革命家，在中国共产党成立前后开展的革命斗争和工人运动的光辉历史。京汉铁路大罢工是中国共产党登上政治舞台后领导的一次大规模的工人运动，这次运动扩大了党在人民中的影响，显示了中国工人阶级的坚强力量。

参观后分组探讨：二七大罢工的原因、经过和历史意义。每人用自己的语言进行讲述。

专题课程四：我是小小讲解员——二七纪念馆讲解大比拼

研学时间：1 小时

负责人：指导师、导游、带队老师

地点：纪念馆外或学校教室

研学内容：

5 人一小组先进行讨论，组织讲解词，每组可以选择一个二七大罢工人物，如项英、施洋、林祥谦、吴佩孚等，针对其生平及在罢工中的表现组织内容，随后每组推选一位代表在全班进行讲解比拼。通过综合评议，选出一等奖 1 名，二等奖 2 名，三等奖 3 名，颁发奖状，以资鼓励。最后选手与全体同学集体合影留念。

专题课程五:《二七大罢工》情景剧

研学时间：2 小时

负责人：指导师、导游、带队老师

研学地点：二七烈士墓前

研学准备：提前 2 周，指导老师到学校让学生利用周末的时间上网或去图书馆查阅资料、查看照片、调查访问，了解二七大罢工的历史。由学生们自己编写剧本，分组开展准备活动，表演时把林祥谦、施洋等革命先驱为革命事业浴血奋斗、视死如归的精神传达给每位观众。

研学方式：职业体验

研学方法：角色扮演法、查找资料法

研学内容：

第一步，分组活动

分成10个研学小组：策划组、编剧组、导演组、演员组、道具组、服装组、摄影组、化装组、美术组、宣传组。

第二步，分配任务

给每个小组分配考察任务。

二七大罢工情景剧任务分配如下：

1. 策划组，负责整个情景剧的策划、筹备、运营；

2. 编剧组，负责编写二七大罢工情景剧；

3. 导演组，负责组织创作、技术和演员表演情景剧；

4. 演员组，负责表演情景剧；

5. 道具组，负责准备演出道具；

6. 服装组，负责准备演出服装，演员全部穿民国服饰；

7. 摄影组，负责演出摄影、录像；

8. 化装组，负责演员化装；

9. 美术组，负责场景布置；

10. 宣传组，负责本次研学旅行活动和情景剧的宣传。

第三步，开展活动

1. 以小组为单位，小组组长带领组员开展准备活动，完成自己小组分配的任务。

2. 导演宣布二七大罢工情景剧表演开始。

演员项英、施洋、林祥谦、吴佩孚、军警、肖耀南陆续出场，进行表演。各剧务小组根据自己的任务分工，开展各自工作。

3. 最后宣传报道组整理宣传报道，展示本次的研学旅行成果。

第四步，总结评议

结合学生自评、学生互评、专家评价、导师评价、学校评价五部分进行综合评价。

最后各演员及参与者合影留念。

（师资配置、安全措施、研学评价、活动经费、研学反思、纪律要求等参考“天安门广场”主题课程方案。）

课　程

16

长辛店劳动补习学校旧址

常在补习学校给工人们上课的邓中夏

北京长辛店劳动补习学校是由北京的共产党早期组织建立的工人学校。该旧址位于丰台区长辛店大街南段东祠堂口1号（又称当铺口1号），学校旧址有正房3间，南北各2间。长辛店是京西重要的工业重镇，系近代产业工人集中地之一，是开展工人运动的理想场所。1921年1月，长辛店劳动补习学校开学。学校分日夜两班，日班为工人子弟班，夜班为工人班。教员大都由北京大学师生担任，李大钊和北京共产主义小组成员都曾去该校讲课，工人们经过劳动补习学校的宣传教育，提高了阶级觉悟，认识到组织起来的必要性。1923年二七大罢工失败后，长辛店劳动补习学校被反动当局查封。1976年重修后，将室内复原，并陈列展出。

补习劳动教育　探寻工运摇篮

——长辛店劳动补习学校旧址研学旅行主题课程方案

研学资料

课程名称	补习劳动教育 探寻工运摇篮						
设计人	李媛媛　李岑虎	项目组长		学校代表		联系方式	
研学对象	初中生	研学人数	30	带队老师		联系方式	
总课时	4 小时	研学目的地	北京长辛店劳动补习学校旧址			研学时间	
研学目的	通过对北京长辛店劳动补习学校旧址的考察参观，学会唱《五一纪念歌》；了解长辛店劳动补习学校在历史上的重要意义；引导学生崇敬革命先驱、传承革命薪火，肩负民族复兴之重任。						
研学链接	人教版《品德与社会》六年级上册“不能忘记的屈辱”；人教版《品德与社会》六年级上册“起来，不愿做奴隶的人们”；人教版《历史》八年级上册“中国共产党的成立和中国工人运动掀起的新高潮”；人教版《历史》九年级上册，第七单元“工业革命和工人运动的兴起”。						
研学方式	考察探究、职业体验、博物馆参观、党团队活动。						
研学方法	讲授法、讨论法、角色扮演法、职业体验法、记者采访法。						
研学重点	学唱《五一纪念歌》、参观长辛店劳动补习学校旧址、“我是补习学校的小教员”职业体验。引导学生崇敬革命先驱、传承革命薪火，肩负民族复兴之重任。						
研学难点	通过参观、体验等活动，了解长辛店劳动补习学校在中国工人运动史中的地位和作用，了解学校对于传播马克思主义、培养工人运动骨干的意义，让学生了解我党在创建初期对宣传马克思主义、宣传无产阶级革命所做的努力。						

主题课程内容及实施流程

专题课程一：合唱《五一纪念歌》

研学时间：30 分钟

负责人：指导师、导游、带队老师

研学流程：

导游在上车前发放研学手册。车上检查安全带并系好安全带，讲解安全手册。指导师随后在车上发放《五一纪念歌》歌词，指导师教唱《五一纪念歌》，熟练后集体合唱。

1921 年“五一”前夕，在北京的共产主义小组成员邓中夏等人创办的长辛店劳动补习学校里，工人们学唱《五一纪念歌》。其歌词是：

美哉自由，世界明星，拼吾热血，为他牺牲，要把强权制度一切扫除净，记取五月一日之良辰。红旗飞舞，走光明路，各尽所能，各取所需，不分贫富贵贱，责任唯互助，愿大家努力齐进取。

这首雄壮有力的歌，是由长辛店劳动补习学校的教员和北京大学的进步学生共同创编而成的。在大巴上集体合唱《五一纪念歌》，引导学生为参观北京长辛店劳动补习学校旧址、了解中国共产党领导下的工人运动奠定思想基础和感情基础。

专题课程二：参观长辛店劳动补习学校，探寻工人运动的摇篮

研学时间：1 小时

负责人：指导师、导游、带队老师、安全员

研学方式：纪念馆参观式、考察探究式

研学方法：讲授法、讨论法、小组合作法、多媒体教学法

研学流程：

上车前发放研学手册。检查原来布置的问题，查看手册中的长辛店劳动补习学校材料。

下车后导游、带队老师组织学生在广场集合，列队分组由老师带队跟随讲解员参观，聆听讲解员讲解，接受红色研学主题教育。课后有序跟随指导师进行参观，分组讨论，并完成研学手册。

讨论问题：

1. 为什么说“中国工友”的称呼从这里起源？

2. 为什么说它是中国北方工人运动的重要摇篮？

3. 补习学校培养了哪些共产党员骨干？

4. 补习学校都有哪些教员？

长辛店劳动补习学校模型

长辛店留法勤工俭学预备班旧址

5. 补习学校都教给学员什么知识内容?

6. 补习学校在革命早期发挥了什么作用?

7. 作为当今社会下的新时代青少年，我们应该怎样学习?

小组内选出一名代表以记者采访的形式进行问答环节。最后指导师分别给予点评。

每组选出一名摄影师全程拍照，最后优选照片制作班级红色研学之旅照片墙。

专题课程三：我是补习学校的小教员

研学时间：1.5 小时

负责人：指导师、带队老师、安全员

研学方式：职业体验式

研学方法：情景教学法

研学内容：学生扮演补习学校教员，为工人讲解马克思主义和工人运动课程。具体讲解内容和形式，由各小组自行决定。

1. 全班 5 人一组，分成 6 个小组。学生以组为单位分别试讲 10 分钟，选出优秀选手 1 名，参加全班讲课比赛。

2. 各组选拔出来的 6 名选手，在指导师的指挥下分别讲课，每人时间 8 分钟。要求：觉悟高尚、仪表端庄、吐词清晰、发音正确、热情饱满、有感染力、讲解内容正确。

3. 选手讲课完毕，学生评委打分，选出一等奖 1 名，二等奖 2 名，三等奖 3 名，颁发奖状，以资鼓励。

4. 选手与全体同学集体合影留念。

（师资配置、安全措施、研学评价、活动经费、研学反思、纪律要求等参考“天安门广场”主题课程方案。）

课程

17

中国人民抗日战争纪念馆

中国人民抗日战争纪念馆坐落于丰台区卢沟桥畔宛平城内，距市中心约 15 公里。当年，七七事变在此发生，标志着中华民族全面抗战的开始。作为一座全面反映中国人民抗日战争历史的大型综合性专题纪念馆，馆内收藏了大量自 1931 年至 1945 年抗日战争时期的各种历史文献和相关文物，同时也收藏了日本自 1874 年以来侵略占领台湾的各类文物资料。抗战纪念馆是国家一级博物馆、全国优秀爱国主义教育示范基地，并入选教育部第一批全国中小学生研学实践教育基地。

中国人民抗日战争纪念馆内中国受降油画

中国人民抗日战争纪念馆

卢沟桥头的卢沟晓月碑，远处即宛平城西门

研学资料

重温抗战历史，传承抗战精神

——中国人民抗日战争纪念馆研学旅行主题课程方案

课程名称	重温抗战历史，传承抗战精神						
设计人	李媛媛　李岑虎	**项目组长**		**学校代表**		**联系方式**	
研学对象	初中学生	**研学人数**	30 人	**带队老师**	2 名	**联系方式**	
总课时	2 小时	**研学目的地**	中国人民抗日战争纪念馆、广场、宛平城			**研学时间**	
研学目标	通过参观中国人民抗日战争纪念馆，重温中国抗日战争的艰辛历程，传承无数抗日志士抛头颅洒热血的爱国精神。让学生了解中国曾经的苦难史，使同学们认识到日本军国主义给我们中华民族带来的沉重灾难，深刻揭露日本侵略者在侵华战争中犯下的滔天罪行，也正是这段历史使我们认清了日本侵华战争的本质，以此激发同学们的爱国之情、社会责任感和历史使命感。对学生进行爱国主义教育，让学生深入了解新中国成立之艰难，了解老一辈革命家的艰辛与苦难。也使学生明白只有国家富强、民族团结、社会稳定、国防强大才不会挨打、不会被欺辱，才能巍然屹立于世界民族之林，时时刻刻我们都要把爱国主义教育落到实处，刻苦学习，将来报效祖国。						
研学链接	人教版《品德与社会》六年级上册“不能忘记的屈辱”；人教版《品德与社会》六年级上册“起来，不愿做奴隶的人们”；人教版《品德与社会》六年级下册“战争风云下的苦难”；人教版《语文》四年级上册《卢沟桥》；人教版初中《历史》八年级上册“中华民族的抗日战争”。						
研学方式	考察探究、职业体验、博物馆参观。						
研学方法	讲授法、角色扮演法、调查法、参观法。						
研学重点	了解参加升国旗仪式的程序；领会升国旗仪式的意义；参加抗日战争纪念馆主题教育活动，寻找我心中的抗战英雄，使学生深刻系统地了解抗日战争的全过程和全国各族人民包括台港澳同胞、海外侨胞共同抵抗日本帝国主义的历史；感受中国人民在第二次世界大战中英勇抗击日本侵略者的浩然正气和大无畏精神；了解中国共产党在抗日战争中的中流砥柱作用；了解中华民族为世界反法西斯战争的胜利付出的巨大牺牲和做出的重要贡献，激发学生的爱党，爱国之情。						
研学难点	引导学生感受中国人民在抗日战争中所表现出来的浩然正气和大无畏精神，深刻理解中国共产党在抗日战争中的中流砥柱作用；理解中华民族为世界反法西斯战争的胜利付出的巨大民族牺牲和做出的重要贡献，激发学生的爱党、爱国之情。						

主题课程内容及实施流程

专题课程一：参加升国旗仪式

研学时间：30 分钟

负责人：指导师、带队老师

地点：抗日战争纪念馆正门外广场

研学内容：

由学校领导或带队老师负责整队举行升旗仪式。现场播放国歌。全体肃立唱国歌行注目礼。仪式完毕后，指导师讲话，学生代表讲话。

抗日战争纪念雕塑园

专题课程二：追忆烽火岁月 致敬革命先烈

研学时间：1 小时

负责人：讲解员、导游、指导师、带队老师

研学内容：

集合后，导游带领学生按 30 人一组有序安检进入馆内。然后跟随讲解员和指导师进行参观考察。请遵守馆内规章制度，不脱离团队。

馆内共分八个部分，逐一参观。讲解员讲解后，同学们分组讨论相关问题。每个人都要将问题和过程记录在自己的研学手册里。通过此次参观，使同学们认识到只有国家富强、民族团结、社会稳定、国防强大才不会挨打、不会被欺辱，才能巍然屹立于世界民族之林。

专题课程三：寻找我心中的抗战英雄

研学时间：30 分钟

负责人：指导师、带队老师

研学内容：

每 5 人分一小组，以组为单位，在馆内分头寻找 1—2 个抗战英雄人物故事。然后分组讲解英雄事迹。规定时间内返回集合地，回校后组织《我心中的抗战英雄》主题演讲比赛。

（师资配置、安全措施、研学评价、活动经费、研学反思、纪律要求等参考“天安门广场”主题课程方案。）

抚今追昔，考查探究热血宛平城

——中国人民抗日战争纪念馆研学旅行主题课程方案

课程名称	抚今追昔，考查探究热血宛平城						
设计人	李媛媛	**项目组长**	2 人	**学校代表**	1 人	**联系方式**	
学校班级	初中八年级	**研学人数**	30 人	**带队老师**	2 人	**联系方式**	
总课时	1 小时	**研学目的地**	丰台区宛平城			**研学时间**	
研学背景	宛平县城建于明崇祯十三年（1640 年），是为保卫京师而建的。宛平城是北京西南的门户，是守卫京师的重镇。自金代卢沟桥建成后，这里便成了军事重地，因此它的形制结构和普通县城有很大的不同。整个城内只有一条东西向的大街。1937 年七七事变中，宛平城遭日本侵略军的破坏，已经失去原来的面貌。为保护文物古迹，1984 年北京市政府拨款对宛平城进行了首次修复，重建了城楼和瓮城。						
研学目标	1. 了解宛平城的历史； 2. 认识宛平城的景点； 3. 通过了解宛平古城，使学生受到爱国主义教育。						
课程链接	八年级《历史》上册第 15 课“宁为战死鬼不作亡国奴”。						
研学方式	考察探究。						
研学方法	讲授法、实验法、小组合作法、调查法。						
研学重点	宛平城的建筑结构和布局，正确了解七七事变对宛平城的破坏。						
研学难点	透过建筑看中国历史，通过七七事变中驻守宛平城的爱国将领和军民英勇抗战的事迹，激发学生的爱国情感。珍惜今天来之不易的和平生活。树立反对战争，维护和平的理念。						

主题课程内容及实施流程

专题课程一：宛平城里看古城

研学时间：30分钟

负责人：指导师、导游、带队老师、安全员

研学地点：宛平县衙门口，牌楼下，东城门下，兴隆寺（现卢沟桥小学）

研学方法：参观法、讲解法

研学流程：

1. 带队老师和导游组织学生进入主讲区，等待基地讲解员开讲。

2. 先聆听基地讲解员的讲解，用图片讲解并演示中国各种牌楼构造。

学习古代建筑知识，譬如构造、等级、颜色、屋顶、大门等建筑知识。正确理解“门当户对”。区分门墩和各式大门，例如：广亮大门，金柱大门，蛮子门，如意门，以及各种门所代表的等级。

3. 讲解完后，指导师引导学生结合课本知识调查研究，了解宛平城，探查南城墙外侧的现状，探究古代县府衙门规制。

4. 通过开展摄影活动，增强学生保护古城墙的意识，培养乐于奉献的志愿者精神。通过资料的搜集与整理过程，培养多渠道收集和整理资料的能力，培养合作意识。

5. 研学总结评价。

6. 激励提升。美好的古城，被日本帝国主义侵略者摧毁，提醒我们勿忘国耻，立志为建立繁荣昌盛的中国而努力学习。

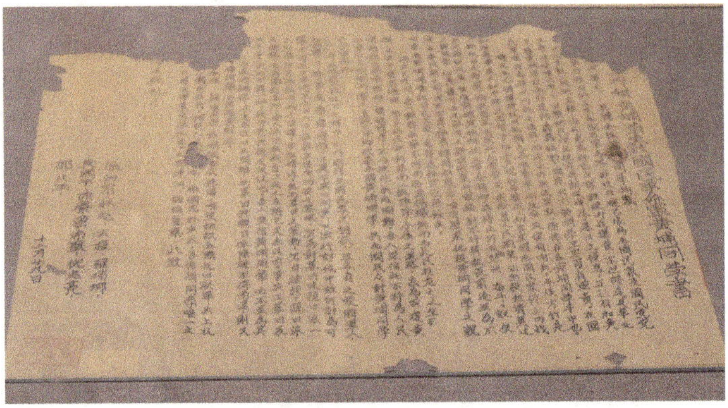

馆内藏品——《红军将领为停止内战一致抗日致国民革命军黄埔同学书》

专题课程二：数一数七七事变给宛平城带来的灾难

研学时间：1小时

负责人：指导师、导游、带队老师、安全员

研学地点：宛平城南墙弹坑遗址处

研学方法：体验法、探究法、调查法、访谈法

研学过程：

1. 分组数弹坑。由于场地有限，指导师引导学生分组参观，每 6 人一小组，数一数七七事变给宛平城带来的弹坑。

事变后的宛平城门，木质大门被炸得不见踪影，城墙上的弹坑巨大如牛，宛如伤疤一样在揭示着这个民族所经历的苦难。时刻提醒后人：勿忘国耻，振兴中华。

2. 发表感想。以小组形式发表对七七事变弹坑遗址的感想。

对学生进行爱国主义教育，让学生深入了解老一辈革命家的艰辛与苦难，知晓新中国成立之艰难。也使学生明白只有国家富强、民族团结、社会稳定、国防强大才不会挨打、不会被欺辱，才能巍然屹立于世界民族之林，时时刻刻我们都要把爱国主义教育落到实处，立志刻苦学习，将来报效祖国。

3. 唱国歌，背诵《少年中国说》，开展励志活动。

4. 绘制珍爱和平小报。

专题课程三：入团仪式

研学时间：1 小时

负责人：团干部、指导师、带队老师、安全员

研学地点：抗战纪念馆前广场

仪式程序：

1. 全体立正；

2. 唱团歌；

3. 宣布新团员名单；

4. 授予团员标志，佩戴团徽；

5. 宣誓（由仪式主持人领导，读誓词时举右手）；

6. 新团员代表讲话；

7. 团委领导讲话；

8. 仪式结束。

附：团歌《光荣啊，中国共青团》

我们是五月的花海，用青春拥抱时代。我们是初升的太阳，用生命点燃未来。“五四”的火炬，唤起了民族的觉醒，壮丽的事业，激励着我们继往开来。

光荣啊！中国共青团，光荣啊！中国共青团，母亲用共产主义为我们命名，我们开创新的世界。

（师资配置、安全措施、研学评价、活动经费、研学反思、纪律要求等参考“天安门广场”主题课程方案。）

追忆烽火岁月　致敬革命先烈

——中国人民抗日战争纪念馆研学旅行专题课程方案

<table>
<tr><td>课程名称</td><td colspan="7">追忆烽火岁月 致敬革命先烈</td></tr>
<tr><td>研学地点</td><td colspan="7">北京市丰台区卢沟桥宛平城内街 101 号</td></tr>
<tr><td>研学对象</td><td colspan="3">初中生</td><td>校方代表</td><td></td><td>带队老师</td><td></td></tr>
<tr><td>备课人</td><td>朱厚颖
李岑虎</td><td>指导师</td><td>朱厚颖</td><td>导游</td><td></td><td>专题课时</td><td>3 课时</td></tr>
<tr><td rowspan="4">课程目标</td><td>价值体认</td><td colspan="6">通过参加抗日纪念馆活动，让学生亲历社会实践，加深有积极意义的价值体验。也使学生明白只有国家富强、民族团结、社会稳定、国防强大才不会挨打、不会被欺辱，才能巍然屹立于世界民族之林。引导学生能主动分享体验和感受，与老师、同学交流思想认识，形成国家认同，激发爱党爱国之情。</td></tr>
<tr><td>责任担当</td><td colspan="6">通过活动教育，增强服务意识，养成独立的生活习惯；愿意参与学校服务活动，增强服务国家的行动能力；肩负民族复兴使命，主动从小事做起，践行当代学生的责任担当。</td></tr>
<tr><td>问题解决</td><td colspan="6">明白落后就要挨打的道理，了解中国人民的抗战精神，树立中国必胜的信心，学会运用抗战精神理解与解决国际社会打压中国的问题，并做出基于证据的解释，形成发愤图强、勿忘国耻的系列行动。</td></tr>
<tr><td>创意物化</td><td colspan="6">学会运用抗战精神识破国际社会各种列强妄想打压中国的企图，坚定中国人民的文化自信、制度自信，尝试分析解释国际社会问题。</td></tr>
<tr><td>研学背景</td><td colspan="7">中国人民抗日战争纪念馆建成于 1987 年，是中国唯一一座全面反映中国人民伟大抗日战争历史的大型综合性专题纪念馆。建馆以来，中国人民抗日战争纪念馆广泛传播抗战历史，大力弘扬伟大的抗战精神，以建设成为国家纪念抗战胜利及全民族抗战爆发活动中心、中国抗战和世界反法西斯战争历史展示中心、中国抗战史料收藏和研究中心、世界反法西斯战争东方主战场对外宣传中心为目标。2021 年中国共产党成立 100 周年之际，开展抗战研学意义深远，有利于培养学生的爱国主义情怀。</td></tr>
<tr><td>研学链接</td><td colspan="7">人教版初中《历史》八年级上册“中华民族的抗日战争”；人教版八年级上册《道德与法治》。</td></tr>
<tr><td>研学重点</td><td colspan="7">中国人民抗日战争纪念馆的构成、馆内八个部分的主要内容，每一部分所反映出的抗战精神，相关抗战文物，以及文物反映的历史事件和重大意义。</td></tr>
</table>

续表

研学难点	中国人民抗日战争纪念馆内八个部分的主要内容，每一个部分所反映出的抗战精神，重要的抗战文物所反映的历史事件和重大意义。
活动方式	考察探究、团队教育活动、博物馆参观。
教学方法	讲授法、训练与实践式、现代信息技术。
教具准备	研学指导师：1. 任务单；2. 讲解评价表；3. 研学旗；4. 身份证。 学生：1. 中国人民抗日战争纪念馆讲解词；2. 学生证。

研学旅行过程

研学前

[研学准备，设置问题]（行前一周）

分组，查找资料，印刷研学手册，解释问题。带好研学旅行用品，做好校外研学旅行思想准备。

问题一：中国人民抗日战争纪念馆建造的意义是什么？

问题二：中国人民抗日战争纪念馆陈列都有哪些？

研学中

[研学导入，提出问题]（15 分钟）

研学指导师（车上）：同学们，车行前方就是中国人民抗日战争纪念馆了，纪念馆坐落在北京市丰台区卢沟桥畔宛平城内。1937 年 7 月 7 日，日军悍然进攻宛平城和卢沟桥，七七事变就此爆发，中国的全民族抗战就此拉开序幕。这场战役是中华民族奋力抗敌、保家卫国、争取独立自由的伟大战役。稍后我们将看到纪念馆里记载了抗日战争历史的各项陈列，请同学们思考以下问题：

1. 广场上的雕塑卢沟醒狮象征着什么？

2. 为什么称抗日战争是人民的战争？

[研学新课，解决问题]

集合后，导游带领学生按 30 人一组有序安检进入馆内。然后跟随讲解员和指导师进行参观考察。请遵守馆内规章制度，不脱离团队。

一、参观倾听，全面了解纪念馆的组成

研学指导师与学生一起跟随讲解员进入展览馆，认真倾听讲解员的讲解。

馆内共分八个部分，逐一参观、聆听。

第一部分：民族危机，救亡兴起；

第二部分：国共合作、共赴国难；

第三部分：抗战灯塔、中流砥柱；

第四部分：日军暴行、惨绝人寰；

第五部分：浴血疆场、民族壮歌；

第六部分：得道多助、国际支援；

第七部分：历史胜利、巨大贡献；

第八部分：以史为鉴、面向未来。

二、讲解员讲解后，请同学们分组讨论下列问题。

1. 抗日战争爆发的原因、经过是什么？

2. 抗日战争中国共两党如何合作的？

3. 抗日战争中中国共产党是怎样发挥中流砥柱作用的？

4. 列举抗日战争中日军制造的惨绝人寰的事件。

5. 抗日战争中中华儿女是如何抵抗日军侵略的？著名的战役有哪些？

6. 中国人民的抗日战争在国际上得到哪些支援？

7. 中国人民抗日战争的历史胜利有什么意义？

8. 新时代青少年如何牢记使命，勿忘国耻？

9. 通过考察抗日战争纪念馆你有什么收获和想法？（必答题）

每小组都要讨论回答 3 个问题。每个人都要记录在自己研学手册里。

三、文物辨别

讲解员讲解后，研学指导师将学生分成 6 个小组，每组再进行各自分工，给出 20 分钟时间，请学生就自己印象最深刻的文物进行照片和小视频拍摄，并记录具体内容，回校后打印，编辑成册，进行展览。

1. 抗日英雄的相关文物

抗日战争中牺牲的先烈们用生命和鲜血谱写了中华民族解放事业的壮歌，与他们有关的各类文物在展陈中默默地诉说着这段历史，如戴安澜的铁汉印章、左权的望远镜、张自忠初葬处的石碑、国际主义战士白求恩做手术时使用的医疗器械、外交九烈士之一的姚竹修的眼镜及名片、八百壮士谢晋元团长的纪念像章、小白龙白乙化的记事本、新四军政委廖海涛的绑腿、东北义勇军韩述彭的毛毯、许昌战役中牺牲的吕公良的望远镜、淞沪抗战中牺牲的旅长蔡炳炎写给妻子的书信、120 师《战斗报》记者丁基生前的日记本、为表彰解救群众英勇牺牲的武委会主任田广生而颁发的“舍身取义”木匾、南侨机工彭海勇的奖状等。

2. 卢沟桥抗战文物

1985 年修复宛平城墙时出土的中国国民革命军第 29 军士兵在卢沟桥抗战时佩戴的钢

盔、帽徽，使用过的子弹、弹壳，29 军士兵使用过的大刀，南苑战斗中镶有子弹的木桩，在南苑抗战中牺牲的佟麟阁将军使用过的砚台和字帖，冯治安将军使用过的闹钟、钢笔，29 军军训团学员保存的南苑抗日纪念章，卢沟桥事变大画册等，这些都是七七事变的有力见证。

3. 侵华日军的武器装备

日军武器装备是日军侵华的主要罪证，纪念馆收藏了数以千件日军军事装备，如大炮、枪支、指挥刀、子弹、望远镜、水壶、饭盒、钢盔、背包、军装等。

[研学总结，拓展问题]

1. 学生展示，小组评分

研学指导师请各组展示自己拍摄的小视频或图片，每组自选 2—3 人就视频呈现内容进行讲解和观点表达。

2. 研学指导师提升，拓展问题

研学指导师总结提升：中国人民抗日战争纪念馆向我们深刻揭露了日本侵略者在侵华战争中犯下的滔天罪行。我们要时刻铭记历史，不能忘记这段历史给我们国家和人民带来的巨大灾难，我们要以史为镜，永记落后就会挨打，时刻铭记奋发图强的自强意识。

研学后

[研学评价，反思问题]

1. 分析在抗日战争中中国共产党的作用，形成自己的观点，撰写文章。

2. 布置研学后的作业。绘制抗日战争的发展历史，形成思维导图。

3. 指导师反思自己的教学能力、组织能力、评价能力、带团服务能力，客观反思自己在研学旅行方面存在的问题，以利于今后改正，提高自己研学旅行服务能力。

研学成果

1. 将个人图片、学生心得体会、感言等成果汇总后编辑成册，展览存档。小视频汇总后剪辑而成的研学旅行活动影像，宣传、教育、存档。

2. 与你的家人、朋友、同学分享研学活动之后的心得体会，或者作为日记写下来。

课 程

18

焦庄户地道战遗址

焦庄户位于顺义区龙湾屯镇燕山余脉歪坨山下，距市区 60 公里。在战争年代，这里隶属于冀东抗日根据地领导，是通往平西、平北根据地的必经之路。焦庄户地道是焦庄户人民在与敌人斗争的战争实践中逐步完善起来的。他们把初期简单的隐蔽单口洞连接起来，在地道内设计和安装了各种生活设施和战斗设施，最后挖成户户相连，村村相通、四通八达、上下呼应的长达 23 华里的地道网。当年焦庄户人民巧妙地利用地道支援了抗日根据地和解放区，由于战绩卓著，故而被誉为“人民第一堡垒”。如今，北京焦庄户地道战遗址纪念馆已被授予北京市青少年教育基地、全国中小学爱国主义教育基地、全国爱国主义教育示范基地等称号。

焦庄户地道内景，当年中国军民曾在这里与敌人周旋

焦庄户地道战遗址纪念馆前的雕塑

焦庄户地道战遗址纪念馆

纪念馆外墙上的抗战场景复原画

研学资料

探寻“焦庄户地道”的秘密

——焦庄户地道战遗址研学旅行主题课程方案

课程名称	探寻“焦庄户地道”的秘密						
设计人	王剑如　王　彬	**项目组长**		**学校代表**		**联系方式**	
研学对象	小学六年级学生	**研学人数**	200	**带队老师**		**联系方式**	
总课时	6 小时	**研学目的地**	焦庄户地道战遗址纪念馆			**研学时间**	
研学目标	通过参观焦庄户地道战遗址，提升学生对中国近现代史，尤其是抗战时期英雄事迹的了解；学习《焦庄户民兵地道歌》，着统一服装组织参演抗战情景剧，提升美育实践能力；通过观看地道战电影，亲身体验地道战事迹，提升艺术修养和爱国情怀；听抗战时期儿童团员焦志斌同志讲焦庄户村的战斗历史，弘扬中华民族不屈不挠，奋勇抗敌的民族精神。树立肩负“振兴中华”伟大历史使命的信心与决心，为学生的品格发展打下良好的思想基础。						
研学线路	1. 焦庄户地道战遗址停车场集合，先排队进入纪念馆广场，纪念馆前集体合影，后入馆参观（研学指导师讲解 + 场馆任务书）； 2. 现场教学《焦庄户民兵地道歌》，之后跟随场馆讲解员从纪念馆步行到地道入口，排队有序进入地道参观； 3. 考察体验民俗文化，听抗战时期儿童团员焦志斌同志讲焦庄户村的战斗历史； 4. 看地道战电影，吃“抗日饭”（即窝窝头、玉米渣粥和咸菜）。						
课程链接	人教版《语文》五年级上册《冀中的地道战》。						
研学方式	考察探究、职业体验、设计制作、党团队活动。						
研学方法	讲授法、体验法、讨论法、小组合作法。						
研学重点	参观地道战遗址纪念馆，缅怀革命先烈的英雄事迹；听讲解了解地道战文化，了解老一辈革命家的奋斗事迹；步行深入地道内部，感受抗战时期劳动人民的智慧；品味农家“抗日饭”，忆苦思甜。						
研学难点	地道参观讲解；现场教学《焦庄户民兵地道歌》；吃抗日饭的意义。						

主题课程内容及实施流程

专题课程一：参观地道战遗址纪念馆

研学时间：1.5 课时

负责人：指导师、导游

研学方法：讲解式、任务式

研学内容：

焦庄户地道战遗址停车场集合，先排队进入纪念馆广场，纪念馆前集体合影，后入馆参观，由研学指导师进行30分钟馆内知识点讲解，发放任务书，以知识定向的方式分组开展知识定向并研讨、总结。

专题课程二：颂唱地道战歌 感受战时文化

研学时间：1.5小时

负责人：指导师、导游

研学方法：讲解式、实践式

研学内容：

研学指导师在学校出发前，发放《焦庄户民兵地道歌》学习资料。进入地道后，先听取讲解员讲解，后在原始地道和新修葺地道环形交接处合唱《焦庄户民兵地道歌》，随后出地道抵达地面。

专题课程三：体验民俗文化 聆听战时故事

研学时间：1.5小时

负责人：指导师、导游、安全员

研学方法：讲解式、探究式、访谈式

研学内容：

由研学指导师将学生带到抗日纪念林，组织地道战文化的学习，聆听抗战时期儿童团员焦志斌同志讲焦庄户村的战斗历史，还原当年老红军的机智勇敢，通过对当事人的访谈，更加真实地了解当年战争的惨烈情况；参观民居旧址，探究地道战的起源以及地道主要的攻防作用；讨论地道战对抗日战争胜利的意义。

专题课程四：看地道战电影 吃“抗日饭”

研学时间：1.5小时

负责人：指导师、导游、安全员

研学方法：观摩式、体验式

研学内容：

集体观影，再现当年中国共产党领导下军民团结英勇抗日，利用地道、地雷同敌人进行机智斗争的场面。午餐集体诵读感恩词，吃窝窝头、玉米渣粥和咸菜，体验战时的艰辛。

（师资配置、安全措施、研学评价、活动经费、研学反思、纪律要求等参考“天安门广场”主题课程方案。）

课 程

19

鱼子山抗日战争纪念馆

鱼子山抗日战争纪念馆位于平谷区东北 12 公里的鱼子山村，京东大峡谷景区旁。这里原为抗日战争时期冀东军区 18 分军区军械修理所所在地。该所主要制造装配地雷、手榴弹并负责修理枪支军械。1988 年，这里经过整修，并开辟为“鱼子山抗日战争纪念馆”。纪念馆记录了抗战时期平谷鱼子山地区军民保家卫国、英勇杀敌的事迹，勉励后人牢记这段历史。纪念馆于 1996 年竣工，1997 年正式向社会开放，现为北京市市级爱国主义教育基地。

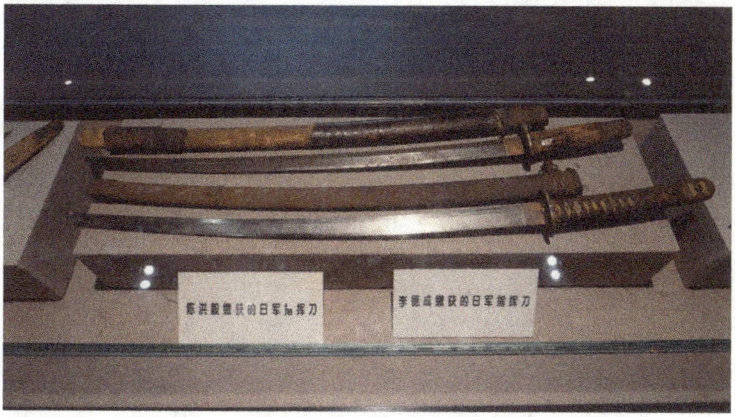

馆内展出的鱼子山军民缴获的日军指挥刀

“铜南山，铁北寨，打不垮的鱼子山”

纪念馆内展示了冀东抗战的历史

研学资料

追忆抗战烽火，缅怀革命先烈

——鱼子山抗日战争纪念馆研学旅行主题课程方案

课程名称	追忆抗战烽火，缅怀革命先烈						
设计人	赵东勋 李岑虎	**项目组长**		**学校代表**		**联系方式**	
研学对象	六年级	**研学人数**	30	**带队老师**		**联系方式**	
总课时	3.5 小时	**研学目的地**	鱼子山抗日战争纪念馆			**研学时间**	
研学目标	通过探秘坐落于京东大峡谷的“鱼子山抗日战争纪念馆”，开展我为鱼子山革命先烈敬献花圈、鱼子山抗日战争纪念馆考察、我为鱼子山军械修理所站岗放哨、鱼子山党支部成立情景剧、我是鱼子山的抗日支前小民工情景剧系列活动，重温抗日军民反压迫、反侵略、求解放的斗争历程，学习鱼子军民英勇杀敌、不怕牺牲的精神，感悟老一辈革命家及先烈们的丰功伟绩，珍惜今天来之不易的幸福生活，立志长大以后报效国家。						
研学线路	进入京东大峡谷——右侧上山——鱼子山抗日战争纪念馆内参观。						
研学链接	人教版《品德与社会》六年级上册“不能忘记的屈辱”；人教版《品德与社会》六年级上册“起来，不愿做奴隶的人们”；人教版《品德与社会》六年级下册“战争风云下的苦难”。						
研学方式	考察探究、设计制作、劳动教育、职业体验、博物馆参观、党团队活动。						
研学方法	调查法、讲解法、小组合作法、角色扮演法。						
研学重点	我为鱼子山革命先烈敬献花圈，鱼子山抗日战争纪念馆考察，鱼子山党支部成立情景剧，我是鱼子山的抗日支前小民工情景剧。						
研学难点	引导学生了解抗日军民反压迫、反侵略、求解放的斗争历程，学习鱼子山军民英勇杀敌、不怕牺牲的精神，感悟老一辈革命家及先烈们的丰功伟绩，珍惜今天来之不易的幸福生活，立志长大以后报效国家。						

主题课程内容及实施流程

专题课程一：我为鱼子山革命先烈敬献花圈

研学时间：20 分钟

负责人：导游、指导师、带队老师、安全员

基本流程：

1. 下车后导游、带队老师组织学生在广场集合，列队分组由老师带队跟随讲解员在门口台阶上依次排列整队。

2. 学校代表宣布向抗日纪念馆敬献花篮仪式正式开始。

3. 唱国歌。播放《义勇军进行曲》，齐唱国歌。

4. 默哀。国歌唱毕，全场肃立，向抗日英勇献身的烈士默哀。

5. 致队礼，默哀毕，手持鲜花的学生代表起头，集体面向烈士纪念馆高唱《没有共产党就没有新中国》，并致少年先锋队队礼。

6. 献花篮。2 名学生代表手捧鲜花篮，缓缓走向纪念馆，摆放在纪念馆门口“革命精神永存”碑前。

7. 全员依次排队在花篮前驻足凝视。随后站回原位。

8. 仪式结束。

专题课程二：鱼子山抗日战争纪念馆考察

研学时间：1 小时

负责人：导游、指导师、带队老师、安全员

研学方式：纪念馆参观式、考察探究式

研学方法：讲授法、讨论法、小组合作法、多媒体教学法

研学流程：

1. 上车前发放研学手册。检查原来布置的问题，查看手册中的鱼子山抗日战争纪念馆材料。

2. 研学指导师、带队老师组织学生在广场集合，列队分组由指导师、带队老师带领跟随讲解员参观。聆听讲解员讲解，接受红色革命教育。

3. 课后有序进行分组讨论，并完成研学手册。指导师引导学生回顾，以小组为单位讨论下列问题：

（1）鱼子山军械修理所的地理位置有什么优势？

（2）鱼子山军械修理所的功能作用是什么？

（3）发生在鱼子山军械修理所的故事有哪些？

（4）鱼子山军械修理所的武器装备有哪些？

（5）从平谷抗日战争革命烈士英雄名录里寻找并数一数和自己一样姓氏的革命烈士数量。

总结评比，并结合自己生活、学习反思自己的不足。

专题课程三：我为鱼子山军械修理所站岗放哨

研学时间：30 分钟

负责人：指导师、带队老师、安全员、导游

研学内容：1. 共产儿童团知识；2. 站岗的内容

研学方式：职业体验、劳动教育

研学方法：讲授法、示范法、训练法、小组合作法

研学流程：

1. 解析革命年代共产儿童团的工作任务；
2. 学习革命年代英雄儿童的典型事迹；
3. 明确站岗的主要工作任务和标准；
4. 学生情景模拟，检验站岗能力；
5. 设计站岗路线，并安排站岗人员；
6. 总结反思、评价激励。

专题课程四：鱼子山党支部成立情景剧

研学时间：1 小时

负责人：指导师、带队老师、安全员

剧情背景：

鱼子山村具有悠久的革命历史，抗日战争时期曾为冀平密抗日联合政府所在地，成为当时平谷县抗日斗争中心。1940 年 9 月，平谷县的第一个农村党支部——鱼子山党支部在鱼子山村成立，鱼子山成为当时平谷县抗日斗争的中心。后来担任北京市委书记和政协委员的焦若愚同志也曾在鱼子山村指挥冀东抗日斗争。抗日战争中鱼子山村的民族气节与优异战绩，让它拥有了“铁北寨、铜南山、打不垮的鱼子山”的美誉。纪念馆所在地在新中国成立前是一处兵工厂，南通平谷、三河、蓟县，北通承德、兴隆、密云，是抗战期间的秘密通道。兵工厂负责修理枪炮和运转军需物资，在抗战期间发挥了重大作用。

研学地点：鱼子山村

研学准备：

提前 2 周指导老师到学校让学生利用周末的时间上网或去图书馆查阅资料、查看照片、调查访问，了解鱼子山村的英雄历史。由学生们自己编写剧本，分组开展准备活动。

研学方式：职业体验

研学方法：角色扮演法、查找资料法

表演过程：

第一步，分组活动

分成 6 个研学小组，编剧组、导演组、演员组、道具组、摄影组、宣传组。

第二步，分配任务

给每个小组分配考察任务。

鱼子山党支部成立情景剧任务分配如下：

1. 编剧组，负责编写鱼子山党支部成立情景剧；
2. 导演组，负责组织创作、技术和演员表演情景剧；

3. 演员组，负责表演情景剧；

4. 道具组，负责演出道具；

5. 摄影组，负责演出摄影、录像；

6. 宣传组，负责本次研学旅行活动和情景剧的宣传。

第三步，开展活动

1. 以小组为单位，小组组长带领组员开展准备活动，完成自己小组分配的任务。

2. 导演宣布鱼子山党支部成立情景剧表演开始。

演员邓华、宋时轮、李云昌、焦若愚、老支书、村民老李、村民老王、鬼子甲、汉奸乙等陆续出场。

主要情节：

（1）1937 年爆发了震惊中外的“卢沟桥事变”，日本开始全面侵华战争，中国军民被迫开始长达 8 年的全面抗日战争。1938 年共产党领导的八路军开始向敌后战场挺进，四纵邓华和宋时轮支队开赴冀东地区，开辟以雾灵山为中心的冀东抗日革命根据地。

（2）1938 年，在鱼子山地区诞生了平谷第一支抗日游击队，村民为游击队送水、送粮、医治伤员。随着抗日队伍的壮大，鱼子山村成了平谷抗日的中心。

（3）1940 年 9 月，平谷地区第一个农村党支部成立于鱼子山村，从此鱼子山地区迎来了抗日战争的新曙光。

（4）1941 年 11 月 19 日，驻扎平谷的日本侵略者为了摧毁鱼子山地区的抗日武装，宣布鱼子山地区为无人居，不准百姓居住。11 月 22 日，200 多名日本侵略者趁着在拂晓时刻，包围了鱼子山村，向手无寸铁的无辜百姓展开了疯狂屠杀，造成了近百人的死亡，12 月 11 日，日本侵略者再次向鱼子山村进犯，将没来得及转移的 30 多名村民活活烧死。

（5）1942 年除夕夜，几十名日本侵略者再次进犯鱼子山村，将村里的所有房屋全部烧毁，大年初一，几百名鬼子再次突袭了鱼子山，将村民临时搭建的窝棚烧毁，将没来得及转移的妇女儿童三十多人全部屠杀。从 1938 年到 1942 年，日本侵略者就在鱼子山烧毁 2000 多间房屋，屠杀了 180 多名无辜的群众，造成惨无人道的鱼子山惨案。

（6）敌人的屠刀并没有吓倒鱼子山地区的人民，相反鱼子山地区的人民在党支部的领导下积极参军，支援抗战，为八路军军工厂烧炭，制造炸药、手榴弹，帮助八路军修理枪械，运送弹药，并成立冀东军区 18 分区的枪械修理所，鱼子山的抗日热情鼓励着周边地区的民众，鱼子山也被称为：铁北寨，铜南山，打不垮的鱼子山。

各剧务小组根据自己的任务分工，开展各自工作。

3. 最后宣传报道组整理宣传报道，展示本次的研学旅行成果。

第四步，总结评议

采用学生自评、学生互评、专家评价、导师评价、学校评价五部分进行综合评价。

演员合影留念。

专题课程五：我是鱼子山的抗日支前小民工情景剧

研学时间：40 分钟

负责人：导游、指导师、带队老师、安全员

研学地点：鱼子山村

研学准备：

提前 2 周指导师到学校让学生利用周末的时间上网或去图书馆查阅资料、查看照片、调查访问，了解鱼子山村支援抗战的英雄历史。由学生们自己编写剧本，分组开展准备活动。

研学方式：职业体验

研学方法：角色扮演法、查找资料法

纪念馆前的平谷鱼子山惨案遗址纪念碑

剧情简介：

1941 年 11 月 22 日，平谷的日本侵略者为了摧毁鱼子山地区的抗日武装，宣布鱼子山地区为无人居，不准百姓居住，200 多名日本侵略者在拂晓时刻包围了鱼子山村，向手无寸铁的无辜百姓展开了疯狂屠杀，造成惨无人道的鱼子山惨案。

表演过程：

1. 布置场景。指导师需要根据教学目标和内容准备教学材料和道具，布置表演的场景，为学生提供角色扮演活动的流程、每个角色的介绍资料、角色扮演活动的教学评价表。指导师还可以根据角色需要，安排道具组适当给学生提供服装或道具。

2. 选择小组。采用学生自愿组合和指导师指定相结合的方法，成立各种工作小组，共同完成劳动教育任务。

3. 分配任务。指导师根据各个小组的分工，布置相应问题，说明相应任务，强调演出过程中的合作和沟通。要强调这是一个小组作业，而不是个人表现。学生一起努力来呈现一次有效的表演。小组长去负责和班级中其他人的沟通。

鱼子山的抗日支前小民工情景剧任务分工如下：

导演组：负责情景剧策划、导演等全部剧务工作。

担架组：负责剧中担架制作、伤员运送。

运输组：负责炸药、手榴弹、弹药的管理、运送。

烧炭组：负责八路军军工厂烧炭、运炭。

弹药组：负责制造炸药、手榴弹、弹药。

粮食组：负责剧中粮食征收、管理、运输。

救护组：负责八路军伤员救护运输。

八路军组：负责鱼子山战役抗击鬼子。

鬼子组：负责扫荡根据地，打击八路军，狙击民工。

维修组：负责帮助八路军修理枪械。

4. 选拔演员。小组成员选好演员，准备表演。小组集体分析讨论决定角色扮演的人物和表演的大体思路，集体描述人物并大致勾勒出行动的可能进程。学生要挑选人物场景并讨论这些人物是如何对情景做出反应的，最大限度地激发学生参与的能动性和积极性，保证角色扮演活动的顺利进行。

5. 组织观众。观众的存在更能保证情景的真实性，有助于学生表演发挥，并让学生产生真实的情感体验。观众也要承担配合表演、维持秩序、参与互动、表演评价等具体任务，让每一个学生都参与到角色扮演活动中。

6. 开展表演。这是情景剧的主要阶段。开展表演要设定时间限制，明确后续工作要求。根据具体情况，每个小组大约 6 分钟的表演时间，在第 5 分钟的时候，提醒一次。在表演后，指导师可以指导各组进行一次小型的讨论，也可以延迟到所有的小组表演结束后进行讨论。也可以让扮演者来描述他们扮演角色的感受。

7. 回顾讨论。小组成员回到组内讨论表演体会，小组长准备向全团报告小组的讨论结果。指导师带领全团同学回顾整个过程。保存整个过程的文稿或录像等资料。

8. 活动评价。指导师要引导、帮助学生不断开展自评、互评活动，采取多种激励措施，全面评价学生。

9. 演员合影留念。

（师资配置、安全措施、研学评价、活动经费、研学反思、纪律要求等参考“香山双清别墅、香山革命纪念馆”主题课程方案。）

我为鱼子山军械修理所站岗放哨

——鱼子山抗日战争纪念馆研学旅行专题课程方案

<table>
<tr><td>课题名称</td><td colspan="3">我为鱼子山军械修理所站岗放哨</td><td>设计人</td><td colspan="3">朱厚颖</td></tr>
<tr><td>学校班级</td><td colspan="3">小学四年级</td><td>校方代表</td><td></td><td>带队老师</td><td></td></tr>
<tr><td>项目专家</td><td></td><td>指导教师</td><td></td><td>教学课时</td><td>1</td><td>授课时间</td><td></td></tr>
<tr><td>导游</td><td></td><td>安全员</td><td></td><td>基地代表</td><td></td><td>旅行社代表</td><td></td></tr>
<tr><td rowspan="4">教学目标</td><td>劳动观念</td><td colspan="6">在设计少先队员站岗站点的过程中，懂得革命战争年代儿童团员的工作任务，对那时的儿童团员树立敬佩之情，重视并完成站岗这项光荣的军事任务。</td></tr>
<tr><td>劳动能力</td><td colspan="6">能够按照学校的具体情况设计站岗的站点，安排好站岗人员，并清楚站岗的要求、规范。</td></tr>
<tr><td>劳动精神</td><td colspan="6">在设计站岗安排的过程中，激励学生团队作战的精神。</td></tr>
<tr><td>劳动习惯和品质</td><td colspan="6">主动养成团队协作、有序分工的良好品质，能够激发学生不怕辛苦、不怕累的劳动意识，提升责任意识。</td></tr>
<tr><td>教学链接</td><td colspan="7">人教版小学四年级《语文》。</td></tr>
<tr><td>教学内容</td><td colspan="7">1. 共产儿童团知识；2. 站岗的内容。</td></tr>
<tr><td>教学重点</td><td colspan="7">共产儿童团的建立、站岗放哨的意义。</td></tr>
<tr><td>教学难点</td><td colspan="7">能够根据站岗遇到的情况及时处理。</td></tr>
<tr><td>教学方式</td><td colspan="7">职业体验、社会服务。</td></tr>
<tr><td>教学方法</td><td colspan="7">讲授法、示范法、实践法、小组合作法。</td></tr>
<tr><td>教具准备</td><td colspan="7">1 张 8 开白纸、马克笔、布若干块、白色丙烯颜料。</td></tr>
</table>

教学过程

研学前

[课前准备，设置问题]

研学指导师、学生做好各项准备的检查，提示学生运用合理的携带方式保证白纸不被损坏，并保持干净整洁。

研学指导师提示学生思考以下问题：

1. 你听过共产儿童团吗？你知道他们是做什么的吗？

2. 你知道哪些革命年代著名的共产儿童团员故事？

3. 学校是否有站岗任务，你是怎么看待站岗这项任务的？

研学中

[课堂导入，提出问题]

研学指导师：同学们，老师观察到我们班同学大部分都已经成为少先队员，那么少先队员的职责我相信大家都非常熟悉，那大家知道革命战争年代的共产儿童团吗？大家知道儿童团都有哪些工作任务吗？

[开展新课，解决问题]

一、解析革命年代共产儿童团的工作任务

研学指导师请学生结合所查找到的儿童团的相关资料，讲述儿童团的成立、成员以及主要任务。

学生分组回答：我国的儿童在战争年代也是参加革命的，最早叫劳动童子团，后来确定为“共产主义儿童团”或“共产儿童团”。共产儿童团主要负责放哨站岗、联络送信、监视侦查、宣传以及发动群众等任务。

二、学习革命年代英雄儿童的典型事迹

研学指导师请学生讲述革命年代少先队员的典型事迹，例如小英雄雨来、闪闪的红星潘东子、送鸡毛信的海娃、放牛娃王二小、侦查员小兵张嘎等。

三、明确站岗的主要工作任务和标准

研学指导师讲述：儿童团站岗是为了守住鱼子山军械修理所的进口，防止一些坏人进入村子，主要有设置哨岗、检查出入、询问来访人员并对周围环境进行巡视等工作任务。

1. 设置哨岗：一般将哨岗设置在村口或者鱼子山军械修理所区域的进出口，由儿童团的团长对团员进行排班，一般情况一个时间节点设置一名儿童站岗。

2. 检查出入：站岗时村口对陌生人进行姓名、来自地方以及来访事由进行询问。当遇到可疑人员运用玩具、食物进行诱惑时，能够保持定力，并且将此类情况上报。

3. 巡视检查周围环境：站岗时还要巡视周围环境，如果出现意外情况要及时汇报。

4. 及时上报可疑情况：结合站岗实际情况，将可疑人员、可疑情况及时上报给儿童团团长或者鱼子山军械修理所的同志，同时还要观察可疑人员的走向。

四、学生情景模拟，检验站岗能力

研学指导师为学生提供以下几个场景：请学生分组模拟此情况如何处理：

1. 站岗时，陌生人来访。

2. 站岗时，询问陌生人，陌生人拒不回答，直接往村里冲。

3. 站岗时，发现有些许鬼祟人员徘徊。

4. 站岗时，陌生人员用糖果诱惑站岗人员。

学生分别模拟以上情况，并展示，得出：在站岗时要眼勤、腿勤，经常观察并适度走动，方便发现问题；在站岗发现不轨人员时一定要及时通知团长和大人，还要注意保护个人人身安全；遇到可疑人员套话或者用食物、玩具引诱时，要坚守自己的工作岗位，切忌透漏任何信息，必要时及时上报团长和大人，请大人来处理。

五、设计站岗路线，安排站岗人员

研学指导师将学生分为四个小组：根据鱼子山军械修理所的具体情况，设置村口、村里、主要交通要道、鱼子山军械修理所门口等位置哨岗，并设计排班表安排站岗人员、具体任务、纪律。在 8 开纸上画出表格。

纪念馆前矗立着革命精神永存碑

[教学总结，反思问题]

研学指导师请学生回忆所听过、看过的儿童团的小英雄事迹，归纳出小英雄们的一致特点：

1. 能够坚守自己的工作岗位，绝不被任何诱惑所打动；

2. 聪明灵活，能够识别可疑人员，并做出迅速及时的处理；

3. 在站岗时能够尽职尽责，没有偷懒、不负责的情况。

研学指导师请学生回校后按照设计好的站岗表格，进行站岗，并记录站岗情况，将站岗照片发至班级群。

研学后

[教学评价，激励提升]

研学指导师公布各个小组的评价得分，并且进行激励提升：同学们我们是少先队员，少先队员正是在儿童团的基础上发展起来的，通过站岗这项艰巨的任务，我们明确儿童虽小却也可以发挥自己的力量，为社会做贡献，哪怕是一个站岗任务也需要尽职尽责地完成，希望大家今后在学校的站岗工作中认真有耐心、细心有定力。

课程

20

红谷教育基地

平谷区红谷教育基地——冀东抗日根据地旧址位于平谷区山东庄镇桃棚村，是冀东西部抗日根据地的核心区域。以此为中心，先后建立了4个联合县，这里是联合县委、县政府、冀东西部地分委、地区专署、八路军十三团的常驻地，冀东专署专员焦若愚、军区副司令员兼十三团团长包森常在此地指挥冀东抗日斗争。在艰苦卓绝的抗日战争中，英勇顽强的平谷人民在中国共产党的领导下，创建抗日根据地，成立抗日民主政府，发展党的基层组织，壮大抗日武装力量，在这片古老的土地上谱写出伟大的爱国主义篇章，为取得伟大的反法西斯战争胜利做出了重要历史贡献。2011年，在建党90周年之际，平谷第一个党支部成立旧址、联合县委、县政府旧址、冀东西部地分委旧址以及公安科（锄奸科）旧址得以恢复，成为北京市重要的爱国主义教育基地。

矗立于英烈园纪念广场上的革命烈士纪念碑

红谷主题教育馆，展示了冀东西部的革命历史

当年的公安科（锄奸科）就设在这个小平房里

坚定红色信念，传承革命薪火

——冀东抗日根据地旧址研学旅行主题课程方案

研学资料

课程名称	坚定红色信念，传承革命薪火						
设计人	李岑虎　赵东勋	项目组长		学校代表		联系方式	
研学对象	初二学生	研学人数		带队老师		联系方式	
总课时	5 小时	研学目的地	桃棚村冀东抗日根据地旧址			研学时间	
研学目标	通过重温入团誓词、重走抗战路、祭奠英烈、清除内部敌特分子情景剧、聆听讲解、制作抗战饭等活动环节，引导学生感恩思源，珍惜幸福，坚定红色信念，传承革命薪火，感受军民情谊，树立爱国情怀。						
研学链接	人教版《品德与社会》六年级上册“不能忘记的屈辱”；人教版《品德与社会》六年级上册“起来，不愿做奴隶的人们”；人教版《品德与社会》六年级下册“战争风云下的苦难”；人教版初中《历史》八年级上册“中华民族的抗日战争”。						
研学方式	考察探究、设计制作、劳动教育、职业体验、博物馆参观、党团队活动。						
研学方法	讲授法、训练法、角色扮演法、头脑风暴法。						
研学重点	重温入团誓词、重走抗战路、祭奠英烈、清除内部敌特分子情景剧、聆听讲解、制作抗战饭。						
研学难点	通过在冀东抗日根据地旧址开展的系列活动，缅怀先烈，引导学生感恩思源，珍惜幸福，坚定红色信念，传承革命薪火，感受军民情谊，树立爱国情怀。						

主题课程内容及实施流程

专题课程一：重温入团誓词，坚定红色信念

研学时间：1 小时

负责人：指导师、带队老师、安全员、团干部

研学地点：宣誓广场

研学流程：

研学团抵达红谷基地，做活动前准备，讲注意事项，由讲解员带领出发。步行 1000 米到平谷第一个党支部诞生地“红崖洞”。

1. 由讲解员讲述第一党支部的来历和英烈故事。

2. 重温入团誓词。

入团誓词：我志愿加入中国共产主义青年团，坚决拥护中国共产党的领导，遵守团的章程，执行团的决议，履行团员义务，严守团的纪律，勤奋学习，积极工作，吃苦在前，享受在后，为共产主义事业而奋斗！

专题课程二：重走抗战路，传承革命薪火

研学时间：1 小时

负责人：指导师、带队老师、安全员、导游

研学地点：抗战小路

研学流程：

1. 体验重走抗战小路，总长约 700 米，小路终点是 P3 停车场，小路是抗战时期党、政、军领导、八路军战士及村民上山的唯一道路。在小路上体验用扁担挑运物资、用背篓背物资等活动。导游、安全员提醒学生注意安全。

2. 到观景平台唱一支红歌，讲一段抗战故事，以红崖山“红谷”为背景合影留念。唱响经典红歌，小组内开展红歌传唱、红歌比赛等活动，弘扬民族精神。

3. 由停车场徒步 300 米到冀东西部地分委旧址、联合县委旧址，这里是冀东西部抗日游击战争的指挥中心，是党、政、军的办公地，通过讲述及展板展示冀东西部地分委、联合县委的历史沿革、作用及英烈人物事迹。

专题课程三：感恩思源、祭奠英烈

研学时间：30 分钟

负责人：指导师、带队老师、导游、安全员

研学地点：革命烈士纪念碑

研学流程：

由冀东西部地分委旧址徒步 150 米到英烈园祭奠英烈，指导师或导游讲述英烈园的建设过程及英烈故事，举行祭奠烈士的仪式。

1. 在广场列队整齐。

2. 学校代表宣布向革命烈士纪念碑献花仪式正式开始。

3. 唱国歌。播放《义勇军进行曲》，齐唱中华人民共和国国歌。

4. 默哀。国歌唱毕，全场肃立，向革命烈士默哀。

5. 献花。2 名学生代表手捧鲜花，缓缓走向纪念碑，摆放在纪念碑台阶前。

6. 向烈士纪念碑三鞠躬。

7. 全员依次排队在纪念碑花篮前驻足凝视。随后，绕行纪念碑。

8. 仪式结束，总结交流。

通过祭奠英烈活动，开展感恩思源教育，通过教育，让学生感知今天的幸福生活是无数革命先烈用生命和鲜血换来的，先烈们的精神永远值得我们学习。

专题课程四：清除内部敌特分子情景剧

研学时间：30 分钟

负责人：指导师、带队老师、安全员

研学地点：公安科旧址

研学流程：

由英烈园徒步 200 米到公安科旧址。

1. 通过讲述及展板展示抗战时期反击敌特分子以及清除内部腐败变质分子的情况。

2. 清除内部敌特分子情景剧演出。

分组分工，自编自演。评比总结，交流成果

专题课程五：红色薪火代代传，我是红谷基地讲解员

研学时间：1 小时

负责人：指导师、带队老师、导游、安全员

研学地点：红谷教育基地

研学流程：

1. 在广大的中小学生中招募、培训红谷教育基地讲解员，引导未成年人继承和弘扬红色革命精神。

2. 由小讲解员进行讲解，让他们在参与社会公益实践活动中增强爱国主义情感，争做传承革命精神、传播正能量的小使者。

3. 课后进行讲解评议，反思自己的不足，找准今后努力的方向。

专题课程六：制作八路军抗战饭

研学时间：1 小时

负责人：指导师、带队老师、导游、安全员

研学地点：餐馆

研学流程：

1. 加工主食：蒸窝头、煮白薯、煮玉米、熬玉米渣粥；

2. 选菜、择菜、洗菜、切菜；

3. 做菜，劈柴火，乱炖一锅。

4. 吃饭。一人一碗菜，1 个窝头、1 个白薯、1 个玉米、1 碗玉米渣粥（10 分钟吃完、洗刷完）

考核评议，总结反思。

（师资配置、安全措施、研学评价、活动经费、研学反思、纪律要求等参考“香山双清别墅、香山革命纪念馆”主题课程方案。）

课 程

21

中国航空博物馆

中国航空博物馆是中国第一座对外开放的大型航空博物馆，该馆坐落在北京市昌平区大汤山脚下。是一座以飞机文物为主的大型航空博物馆，其藏品包括 100 多种型号 200 多架飞机，还有地空导弹、高炮、防空雷达、航空炸弹、航空照相机等 700 多件武器装备样品，很多都是国家级的珍贵文物。馆内还通过大量航空实物、史料，向人们展示了中国航空事业的蓬勃发展和人民空军发展壮大的光辉历程。目前，中国航空博物馆已被评为首批国家一级博物馆、爱国主义教育基地、首批全国国防教育示范基地和科普教育基地。

航空博物馆展示的民航客机

中国航空博物馆

博物馆内展示的毛主席座机

研学资料

启航航空梦想

——中国航空博物馆研学旅行主题课程方案

课程名称	启航航空梦想						
设计人	王剑如 王彬	**项目组长**		**学校代表**		**联系方式**	
研学对象	七—九年级学生	**研学人数**	200	**带队老师**		**联系方式**	
总课时	5 小时	**研学目的地**	中国航空博物馆			**研学时间**	
研学目标	了解中国航空博物馆内具有代表性的一些展品，学习相关的党史知识。在课程中学习飞机种类和不同种类飞机的结构知识，以及发动机的工作原理；并且能够分辨飞机机翼的样式和性能差异，从而直观地了解飞机飞行的空气动力学原理。 能够通过学习分辨歼击机、强击机、运输机、轰炸机等不同种类的机型，明白每一种机型的基本用途和飞机的结构特点。能够自己制作符合空气动力学原理的机翼。 通过参观珍藏展品让当代青少年意识到自己的责任担当是努力学习报效祖国。通过大量和真实的飞机实物产生震撼的视觉感官效果，培养学生对中国共产党、对伟大祖国的价值认同。使学生形成爱党、爱国的社会主义核心价值观。						
研学线路	1. 中国航空博物馆停车场集合，排队有序进入大门，题词墙前集体合影。 2. 在馆标区，引导学生了解中国航空博物馆基本结构和行程路线。 3. 现场考察，讲解洞库展厅展馆内相关展品的历史背景知识和展品介绍，走进歼强机展区、轰炸机及特种机展区，参观后根据不同战斗机参数区分歼击机、强击机、轰炸机等。 4. 在航空科普活动中心以及飞行活动区开展机翼试验活动。 5. 考察活动结束，总结回程。						
课程链接	苏教版《物理》八年级上第五章“物体的运动”；人教版《物理》八年级下第七章“力”；人教版《物理》八年级下第九章“压强”。						
研学方式	探究教学法、讲述教学法、实践教学法、讨论教学法。						
研学方法	讲授法、体验法、讨论法、小组合作法。						
研学重点	爱国主义教育和党史教育；展馆展品相关知识；飞机结构知识；机翼种类知识。						
研学难点	飞行原理知识；机翼种类知识。						

主题课程内容及实施流程

专题课程一：学习馆藏精品毛泽东座机、功臣战机的历史故事，进行爱国主义教育和党史教育

课程时间：1 课时

负责人：学校老师、班主任

专题课程二：参观洞库展厅，歼强机、轰炸机展区

课程时间：1.5 小时

方法：讲解式、任务式

负责人：指导师、导游

主要内容：

1. 山洞展厅的展品从中国古代的航空发明与发现到当代使用的高空高速歼击机，从近代引进国外的航空器到国产的各种类型飞机，依照历史的时序陈列于大型展厅两侧。空军司令员王海在抗美援朝战争中所驾战鹰——米格 -15 比斯，就停放在这里。展厅右侧还展出了复制的中国航空史上的著名飞机——冯如二号、乐士文一号和列宁号。另有苏联、美国、法国、日本、加拿大、捷克等国制造的多种型号飞机。其中，日本制造的 99 式高级教练机，苏联制造的波 -2、拉 -9、拉 -11、图 -2、雅克 -12，美国制造的 P-51、L-5 等飞机均为世界航空珍品，具有极高的文物收藏和观赏价值。展厅左侧是新中国生产的飞机系列，从自行制造的第一架初教机、第一架歼击机到具有独特设计格局的轻型歼击机歼 -12，完整地记载着新中国的航空工业发展和人民空军的发展历史。展厅的后部还展出了雷达、导弹、高炮等其他武器。

中国航空之父冯如

2. 观察展厅当中这几架飞机，你能分得清哪个是歼击机，哪个是强击机吗，它们有什么区别，各自的特点是什么？

歼击机是军用飞机的一种，从定义上讲，是用于在空中消灭敌机和其他飞航式空袭兵器的军用飞机。所以从这个定义我们就能看出，歼击机在问世之初，其主要作用就是与敌方的军用飞机在空中进行对抗、空战，夺取制空权（即空中优势），所以歼击机最初的战斗对象，就是敌方的歼击机和轰炸机等军用飞机，因此也被称作空中优势战斗机。强击机又叫攻击机，主要用于从低空、超低空突击敌战术或浅近战役纵深内的目标，直接支援地面部队作战。国外也称之为近距空中支援飞机。强击机具有良好的低空操纵性、安定性和良好的搜索地面小目标能力，可配备品种较多的对地攻击武器。强击机是在战场上最容易受到对方攻击损失的机种，为提高生存力，一般在其要害部位有装甲防护。代表机型有中国强 5；美国 A10（AC-130 空中炮艇从一定程度上说，也可以勉强算为攻击机）；俄罗斯苏 25；欧洲狂风。轰炸机特点是载重能力强，作战半径大，携带的各类弹药，导弹多。主要用于空对地作战，从高空或低空，远程轰炸敌地面或水上重要目标、大型目标。

专题课程三：神奇的机翼，航空科普活动中心

课时：2 小时

方法：讲解式、体验式、实践式

负责人：指导师、导游、安全员

主要内容：

1. 按机翼的数量分类：可分为单翼机、双翼机、多翼机等；按机翼的平面形状分类：可分为平直翼、后掠翼、前掠翼、三角翼等等；按机翼的构造形式分类：可分为构架式、梁式、壁板式、整体式等等。机翼的外形五花八门、多种多样，有平直的，有三角的，有后掠的，也有前掠的等等。然而，不论采用什么样的形状，设计者都必须使飞机具有良好的气动外形，并且使结构重量尽可能地轻。所谓良好的气动外形，是指升力大、阻力小、稳定操纵性好。

2. 机翼是飞机的重要部件之一，安装在机身上。其最主要作用是产生升力，同时也可以在机翼内部设置弹药仓和油箱，在飞行中可以收藏起落架。平直翼是指无明显后掠角（后掠角小于 20 度）的机翼，包括矩形、梯形或半椭圆形的机翼。特点是制作工艺简单，低速性能好，常用在亚音速飞机上。梯形翼是机翼的平面形状为梯形的一种机翼。梯形翼不靠后掠角减阻，升力较好，但最终效果不一定优于后掠翼或者三角翼，使用较少。

椭圆形翼的升力分布比较均匀，相比其他翼形阻力很小，但制作难度高，现在已少见。椭圆形翼和梯形翼本质上和平直翼算一个类型。

专题课程四：空气动力学

课程时间：1.5 小时

课时：1.5 小时

方法：分组讨论、探究式。

负责人：指导师、导游、安全员

主要内容：

英雄纪念墙，上面镌刻着航空英雄的名字

观察飞机升力演示器，学习空气动力学原理。学生自己尝试制作机翼做实验。飞机机翼的上下两侧的形状是不一样的，上侧的要凸些，而下侧的则要平些。当飞机滑行时，机翼在空气中移动，从相对运动来看，等于是空气沿机翼流动。由于机翼上下侧的形状是不一样，在同样的时间内，机翼上侧的空气比下侧的空气流过了较多的路程（曲线长于直线），也即机翼上侧的空气流动得比下侧的空气快。根据流动力学的原理，当飞机滑动时，机翼上侧的空气压力要小于下侧，这就使飞机产生了一个向上的浮力。当飞机滑行到一定速度时，这个浮力就达到了足以使飞机飞起来的程度。

专题课程五：飞机模型制作比赛

课程时间：1 课时

地点：学校

负责人：学校老师、班主任

方式：设计制作式

要求全员参加，先以小组为单位选拔 2 名优秀选手，再参加全班比赛，评选出一、二、三等奖模型制作小达人。

（师资配置、安全措施、研学评价、活动经费、研学反思、纪律要求等参考“天安门广场”主题课程方案。）

课 程

22

平西情报联络站纪念馆

平西情报联络站纪念馆，坐落于风景秀美的妙峰山脚下，由涧沟村的关帝庙改建而成。妙峰山地处晋察冀革命根据地的前哨，抗日战争和解放战争时期有名的平西情报交通联络站妙峰山交通站就秘密地建在这里的涧沟村。在战争年代，情报站发挥了特有的作用，秘密电波从这里收发，情报从这里接送，物资从这里转运，大批爱国青年、革命志士和国际友人都从这里往来于延安和敌占区。情报站原址就位于妙峰山村西的两个农家小院里。2009年4月纪念馆开馆之际，北京市原市长焦若愚同志亲自题写了馆名。平西情报联络站纪念馆是北京第一个公开展出的以情报战线为主题的展览馆，馆内集中展示了抗日战争及解放战争期间在妙峰山地区隐蔽战线情报工作者的革命事迹。

纪念馆内展现情报工作的浮雕墙

平西情报联络站纪念馆

聂帅曾表示：我们的情报组织抵得上十万兵马

研学资料

“知己知彼，百战百胜”

——平西情报联络站纪念馆研学旅行主题课程方案

课程名称	“知己知彼，百战百胜”						
设计人	李岑虎	项目组长		学校代表		联系方式	
研学对象	小学生	研学人数		带队老师		联系方式	
总课时		研学目的地	平西情报联络站纪念馆			研学时间	
研学目标	通过参观平西情报联络站纪念馆，观看主题影片，体验情报员收发报活动，让学生感悟到隐蔽战线上革命先辈们的艰辛和初心。引导学生珍惜幸福，向英雄烈士学习，立志报效祖国。						
研学线路	主展厅——数字电影院——电台联络工作的模拟展室。						
研学链接	人教版（旧版本）小学《语文》五年级上册《青山处处埋忠骨》；人教版（旧版本）小学《语文》五年级下册《半截蜡烛》。						
研学方式	考察探究、职业体验、纪念馆参观、党团队活动。						
研学方法	讲授法、体验法、讨论法。						
研学重点	参观平西情报联络站纪念馆，观主题影片，体验情报员收发报活动。						
研学难点	引导学生感悟隐蔽战线上革命先辈们的艰辛和初心，立志报效祖国。						

主题课程内容及实施流程

专题课程一：参观平西情报联络站纪念馆

研学时间：1 小时

负责人：导游、指导师、带队老师、安全员

研学准备：

研学指导师提前一周布置参观平西情报联络站纪念馆任务，学生分小组进行自我管理，查找有关平西情报联络站或者隐蔽战线的事迹材料。

纪律要求：

1. 由于纪念馆较小，请各组小声讨论，不要有夸张的动作，不要大声喧哗，服从管理。

2. 肃穆、庄重、安静；各组不掉队，全员参加。

3. 在指导师的指挥下以小组为单位自行研讨。

聆听讲解：

分组排列，进入纪念馆。以班级为单位集中听讲解员讲解，通过“走、听、访、谈”，参观平西情报联络站纪念馆，观看平西情报联络站的英雄事迹。指导师配合提示、引导。师生同讲解员互动配合。以小组为单位讨论、记录。

纪念馆内再现了苏静在山洞中收发电报的情景

1. 参观主厅。三个主题展厅，展厅内置有历史照片、文字介绍及当年情报工作者使用过的手枪、刺刀等文物。主展厅以纪实文字、老照片、雕塑等展示了情报站的建立、任务和作用。

平西情报联络站的主要职能：它辐射北平、天津、保定等大中城市和东北的情报站组，承担指挥联络、建立电台、接送人员、传递情报、运送书刊、输送药品及重要战略物资等任务。抗战初期还承担与东北抗联的联络任务。

在平西情报交通联络站的展墙上，展出了一张北平情报系统图，全面介绍了北平解放前，整个北平地区地下党的情报系统分工。

2. 沉浸式体验馆。基于“走、听、访、谈”党性教育课程，2020 年妙峰山镇党委将原涧沟村村史馆改建为沉浸式体验馆，通过打造“北平民居”“苏静山洞”“根据地作战指挥中心”“前线战场”四个场景，以及创新开发“收发报”体验课程，使参与活动的人员能够身临其境地体验和感悟到隐蔽战线上革命先辈们的艰苦和初心。

3. 参观数字电影院和模拟展馆。在数字电影院播放地下工作的纪录片。景区内有一间小屋被改建成当年开展电台联络工作的模拟展馆。在一个展柜里集中摆放着各种证件的复制品，作为实物展品展出。这些证件中有抗日战争时期的良民证，还有解放战争时期的国民党党员证。

专题课程二：观看主题影片

研学时间：30 分钟

负责人：指导师、带队老师、安全员

研学内容：

按照预定时间，按顺序进入小礼堂（被改建为数字影院），观看电影，播放展现隐蔽战线情报工作的纪录片，感受情报战场的重要性。

研学总结：

翔实的资料和史实短片向参观者展现了那一段艰苦卓绝的斗争岁月，讴歌了那些在隐蔽战线舍生忘死的无名英雄，同学们表示要继承革命先辈的遗志，学习革命先辈不怕牺牲、英勇斗争的精神和甘于奉献的优良传统，在今后学习中要刻苦努力，苦练本领，长大后精忠报国，为中国的发展做出自己的贡献。

专题教育三：收发报体验活动、重走情报路

研学时间：1 小时

负责人：指导师、带队老师、安全员

研学内容：

1. 编队分组：根据功能在大巴上提前分好组。

可以设有多个的情报直属小组，形成“北平为点、系统延伸、分散辐射”的力量格局，同时实行异地领导、分头派遣、单线联系的组织形式。

2. 按分组承担任务：

如指挥联络、建立电台、接送人员、传递情报、运送书刊、输送药品及重要战略物资等任务。

3. 各小组互换工作：

根据首次角色分工，开展第一轮体验活动。结束后，各小组互换工作。譬如，原来负责“接送人员”的职能，第一轮体验活动后，再交换体验“传递情报”或者“输送药品”等工作。身临其境，切实体验隐蔽战线的同志们在根据地作战指挥中心及前线战场的状态。

4. 小组总结：在研学指导师引导下各组讲述感受。

从 1939 年 6 月至 1949 年 1 月北平解放，平西情报联络站经历抗日战争和解放战争两个时期。在那硝烟弥漫、战火纷飞的年代，秘密电波在这里收发，情报在这里接送，物资在这里转运，中央领导阅读的报纸、医疗用品等物资从这里秘密发往延安，大批爱国青年、革命人士和国际友人，也是通过这里秘密前往延安的。这些隐蔽战线上的尖兵，不畏艰险，不怕流血牺牲，跋山涉水，风餐露宿，夜以继日地战斗在秘密交通线，为民族独立、国家解放和人民幸福立下了不可磨灭的历史功绩。

（师资配置、安全措施、研学评价、活动经费、研学反思、纪律要求等参考“香山双清别墅、香山革命纪念馆”主题课程方案。）

课程

23

爨底下村

爨底下村位于门头沟区斋堂镇，是京西地区保存最完整的传统村落之一。全村地处峡谷中部，依山而建，村上、村下被一条长 200 米落差 20 米的弧形大墙分开，村前被一条长 170 米的弓形墙围绕。村落里还保存有清代民居 74 套、689 间，这些古民居建筑都是宝贵的历史文物，对研究中国的民居建筑史具有重要的作用。爨底下村也是有着光荣革命传统的小山村，抗日战争时期，宛平县一区抗日民主政府曾迁驻于此，这也引来了日军的扫荡，至今村里还保存着被日军烧毁的房屋废墟、抗日哨所遗址、抗战捷报标语等历史遗迹。爨底下村也是有名的红色村落，群众基础非常好，在抗日战争和解放战争时期全村先后有七八十个青年参军、参政、参战，百分之八十的农户为军属、干属、烈属，共有 34 名烈士为国捐躯。爨底下村现为北京市青少年爱国主义教育基地。

爨底下村标志性的『爨』字石

红色古村落——爨底下村

爨底下村中的标语

研学资料

探寻古村里的红色故事

——爨底下村研学旅行主题课程方案

课程名称	探寻古村里的红色故事						
设计人	李岑虎　赵东勋	**项目组长**		**学校代表**		**联系方式**	
研学对象	高中生	**研学人数**	30	**带队老师**		**联系方式**	
总课时	2 小时	**研学目的地**	爨底下村			**研学时间**	
研学目标	通过对古村院落爨底下古山村的参观，了解中国古典建筑瑰宝中的明珠、传承古人智慧和艺术，坚定中华民族文化自信；熟悉京郊第一个民主政府，掌握为抗日民主政府制作党旗的意义和做法。						
研学线路	进入爨底下古山村——古槐——双店院——广亮院——一线天等。						
研学链接	人教版小学《美术》六年级下册第 15 课“我国古代建筑艺术”；人教版初中《历史》八年级上册“五四爱国运动和中国共产党的成立”。						
研学方式	考察探究、团队活动。						
研学方法	讲授法、激励法、探究式。						
研学重点	探究中国古典建筑瑰宝中的明珠——爨底下古山村，坚定中华民族文化自信。						
研学难点	考察探究爨底下村的独特之处，发现古人的生存智慧；了解发生在爨底下村的革命事迹。						

主题课程内容及实施流程

专题课程一：探究中国古典建筑瑰宝中的明珠——爨底下古山村

研学时间：1 小时

负责人：指导师、导游、带队老师、安全员

研学方式：考察探究式、劳动教育式、设计制作式

研学方法：讨论法、小组合作法、讲授法、实验法

研学过程：

1. 编队分组。根据任务在大巴上提前分好组，并给各组分配任务、领任务卡片。

2. 导游讲解、建筑专家讲解授课。下车集合后，研学指导师主持讲解。先集中导游讲解，再由建筑专家讲解授课。

3. 考察探究。按照任务不同，各组带着以下不同问题进行考察：爨底下村的由来和历史；爨底下村的空间院落布局；爨底下村的四合院与京城四合院的异同。

4. 小组总结。各组讨论总结，派代表发言。强调中国古建筑的艺术文化，引导学生坚持中华民族的文化自信。

5. 在研学指导师指导下，教师及各小组长做评委给各组评分，奖励得分高的小组。

专题课程二：我为抗日民主政府做党旗

研学时间：1 小时

负责人：指导师、带队老师、安全员

教学内容：党旗的历史；党旗结构的组成；党旗的制作流程

教学方式：设计制作式、劳动教育式

教学方法：讲授法、示范法、实践法、小组合作法

教具准备：党旗、红色布、丙烯颜料（黄色）、剪刀

教学过程：

劳动教育前的准备：研学指导师、学生做好各项检查，尤其是剪刀要注意包装好刀尖，防止被扎伤，铅笔要提前削好。

劳动教育中，研学指导师讲解为抗日民主政府制作一面党旗的意义和做法。

1. 展示党旗，明确组成；

2. 裁剪旗面，确定规格；

3. 确定党徽位置，勾勒党徽底图；

4. 描边涂色，完成党旗制作；

5. 工完场清；

6. 总结反思；

7. 劳动教育后的评价激励。

研学指导师公布各个小组的评价得分，并进行激励提升：今天我们用自己的劳动亲手制作了一面党旗，饱含了我们对党的热爱、崇敬，过程中我们经历了各项劳动程序，懂得劳动需要规范和质量，可想而知党旗是经过了多少前人不断修改完善得来的，因此我们要更加懂得尊重党旗、尊重前人的劳动成果。

（师资配置、安全措施、研学评价、活动经费、研学反思、纪律要求等参考“香山双清别墅、香山革命纪念馆”主题课程方案。）

我为抗日民主政府做党旗

——爨底下村研学旅行专题课程方案

<table>
<tr><td>课题名称</td><td colspan="3">我为抗日民主政府做党旗</td><td>设计人</td><td colspan="3">朱厚颖</td></tr>
<tr><td>学校班级</td><td colspan="3">小学五年级</td><td>校方代表</td><td></td><td>带队老师</td><td></td></tr>
<tr><td>项目专家</td><td>老党支部书记</td><td>指导教师</td><td>朱厚颖</td><td>教学课时</td><td>1</td><td>授课时间</td><td></td></tr>
<tr><td>导游</td><td></td><td>安全员</td><td></td><td>基地代表</td><td></td><td>旅行社代表</td><td></td></tr>
<tr><td rowspan="4">教学目标</td><td>劳动观念</td><td colspan="6">在制作党旗的过程中，感受党旗的设计与制作倾注了老一辈革命家的心血和劳动，树立尊重党旗、尊重革命先烈的观念。</td></tr>
<tr><td>劳动能力</td><td colspan="6">明确党旗的组成，能说出党旗的规格，能够按照流程规范地制作一面党旗</td></tr>
<tr><td>劳动精神</td><td colspan="6">领会革命先烈用热血和牺牲换来幸福生活的奉献精神，激发身处新时代的自己用劳动来为社会做贡献的热情。</td></tr>
<tr><td>劳动习惯和品质</td><td colspan="6">养成事前规划、事中管理、事后场清的良好劳动习惯；在制作党旗时，严格按照党旗的长宽比例和党徽的位置不断地调整制作规范，提升劳动品质意识。</td></tr>
<tr><td>基地背景</td><td colspan="7">爨底下村，又名川底下村，北京市门头沟区斋堂镇下辖村，中国传统村落，依山而建，依势而就，高低错落。以村的后龙头为圆心，南北为轴线，整个村庄呈扇面形展于两侧。抗日战争时期，宛平县一区抗日民主政府迁至爨底下村。</td></tr>
<tr><td>教学链接</td><td colspan="7">人教版五年级《道德与法治》；人教版初中《历史》八年级上册“五四爱国运动和中国共产党的成立”。</td></tr>
<tr><td>教学内容</td><td colspan="7">1. 党旗的历史；2. 党旗的结构组成；3. 党旗的制作流程。</td></tr>
<tr><td>教学重点</td><td colspan="7">党旗的历史；党旗的结构组成；党旗的制作流程。</td></tr>
<tr><td>教学难点</td><td colspan="7">制作一面党旗，培养学生热爱中国共产党的思想觉悟，坚定中国共产党的领导信念。</td></tr>
<tr><td>教学方式</td><td colspan="7">设计制作式、劳动教育式。</td></tr>
<tr><td>教学方法</td><td colspan="7">讲授法、示范法、实践法、小组合作法。</td></tr>
<tr><td>教具准备</td><td colspan="7">教师：1. 研学旗；2. 身份证；3. 研学服务物品；4. 评价单；5. 规格为：长 96 厘米，宽 64 厘米的党旗。
学生：1. 学生证；2. 党旗制作相关材料；3. 铅笔；4. 软尺；5. 黄色马克笔。
基地：1. 红色布 100×70 厘米规格的 20 块；2. 丙烯颜料（黄色）20 罐；3. 剪刀 20 把。</td></tr>
</table>

教学过程

劳动教育前

[课前准备，设置问题]

研学指导师、学生做好各项检查，尤其是剪刀要注意包装好刀尖，防止被扎伤，铅笔要提前削好。

研学指导师提示学生思考以下三个问题：

一、党旗是由谁设计的？

二、党旗的组成和规格是什么？

三、党旗的制作流程是怎样的？

劳动教育中

[课堂导入，提出问题]

研学指导师：同学们我们来到爨底下村，已经知道在抗日战争时期，宛平县一区抗日民主政府迁至爨底下村，那么今天我们不仅要寻访抗日志士的足迹，还要为抗日民主政府制作一面党旗，那么党旗应该怎么制作呢？

[开展新课，解决问题]

一、展示党旗，明确组成

研学指导师手持规格为长 96 厘米，宽 64 厘米的党旗，向学生讲述：党旗是代表一个政党的旗帜。中国共产党党旗是中国共产党的象征和标志，并提问学生：党旗由哪些元素组成？

学生回答：中国共产党党旗为旗面缀有金黄色党徽图案的红旗。中国共产党党徽为镰刀和锤头组成的图案。

二、裁剪旗面，确定规格

研学指导师请学生 2 人一组，一组领取一块 100×70 厘米的红布，并领取一盒黄色丙烯颜料。

研学指导师随机抽取一组学生测量党旗，得出党旗长度为 96 厘米、宽为 64 厘米，研学指导师向学生明确党旗旗面长宽之比为 3∶2。

早年的生产工具——扬谷机

研学指导师给学生 15 分钟时间，剪裁红布，确保其长宽比例为 3:2，同时保证旗面边缘光滑整齐，并强调剪刀使用的安全事项。

各组学生剪裁旗面。

研学指导师对学生进行个别指导，并请制作较好的小组介绍制作经验：

首先从一个边缘开始测量长度 96 厘米，用铅笔进行标记，标记时要注意手法要轻，防止旗面有污渍，将标记之外的多余部分进行剪裁，剪裁时要两人拉直，避免剪歪。

其次从另一个边缘测量宽度 64 厘米，重复上述动作。

再次对旗面的边缘进行随角修剪。

研学指导师向学生强调：制作党旗时要心怀对党的热爱，因此要注意制作时规格要精准、剪裁要笔直、边缘要修剪干净，同时还要注意卫生和整洁。

三、确定党徽位置，勾勒党徽底图

研学指导师请学生测量党徽在旗面所处位置，得出旗面左上方 1/4 部分为党徽图案，并请学生运用手机查找确定党徽位置的方法。

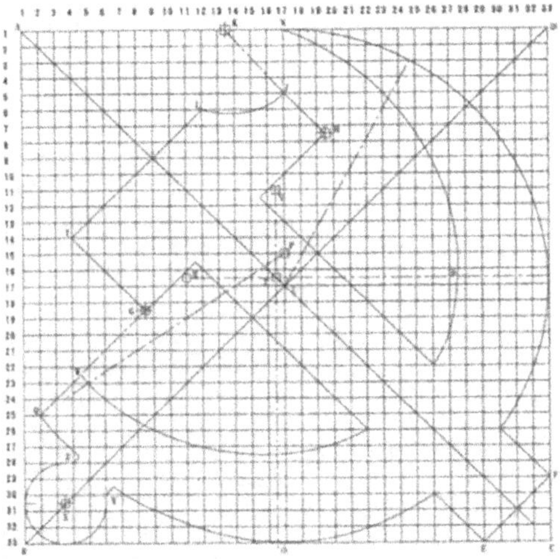

学生回答：画旗面长与宽中线将旗分成 4 等分的长方形，左上方长方形内画出横 18 竖 12 等分的小方格。党徽图案切于 8 × 8 小方格的正方形内，正方形的上部与旗上边空 3 格，左侧与旗左边空 4 格。

学生按照此方法，用铅笔勾勒出党徽的形制。

研学指导师观看学生制作过程，并强调：确定位置是一项精细的劳动，需要同学们耐心、细心。

四、描边涂色，完成党旗制作。

研学指导师请学生用黄色马克笔将党徽的图案边缘进行勾勒，并用丙烯颜料进行涂色，特别提示：丙烯要反复上色才能保证上色均匀，还要注意不要蹭到旗面红色区域。

五、工完场清

研学指导师给出 5 分钟时间收拾场地和工具，确保劳动之后的场地清洁，工具归位。

[教学总结，反思问题]

研学指导师随机抽取三个小组手持党旗进行展示，请同学说出制作党旗最重要的步骤，并且说出劳动的感受。

1. 确定旗面比例，需要精细测量，党旗是党的象征，不能有半点敷衍和马虎，在劳动中提升规范和质量意识是非常重要的；

2. 在剪裁时要拉直旗面，确保剪裁顺直，这也是一项劳动技巧和经验。劳动是需要通过不断实践而形成经验的；

3. 在绘制党徽时，明确党徽设计的艺术感和象征意义，懂得尊重前人的劳动智慧。

劳动教育后

[教学评价，激励提升]

研学指导师公布各个小组的评价得分，并且进行激励提升：作为新时代的学生，成为一名共产党员是神圣而光荣的，今天我们用自己的劳动亲手制作了一面党旗，饱含了我们对党的热爱、崇敬，过程中我们经历了各项劳动程序，懂得劳动需要规范和质量，可想而知党旗是经过了多少前人不断修改完善得来的，因此我们要更加懂得尊重党旗、尊重前人的劳动成果。

入村道路蜿蜒曲折，易守难攻

课　程

24

京西山区中共第一党支部纪念馆

京西山区中共第一党支部纪念馆位于门头沟区雁翅镇田庄村。这里是京西第一党支部的诞生地，在京西革命史和党建史上有着重要地位，是门头沟区人民宝贵的红色资源和精神财富。纪念馆包含《京西星火》展览展馆、崔显芳故居、田庄高小党支部旧址、崔显芳烈士墓地、雁翅镇革命烈士纪念碑、旅游咨询接待室、文化中心礼堂等七大部分。以门头沟区第一位中共党员崔显芳的革命事迹为主线，集中展示了京西山区中共组织创建和成长的光辉历程。是一处集资料展示、思想教育、红色旅游等多功能于一体的红色旅游景点。

京西第一党支部在这里诞生——田庄高小　尤杰　摄影

京西山区中共第一党支部纪念馆　尤杰　摄影

纪念馆内记录着平西抗战的英雄历史　尤杰　摄影

走进京西山区，传承革命精神

——京西山区中共第一党支部纪念馆研学旅行主题课程方案

研学资料

课程名称	走进京西山区，传承革命精神						
设计人	赵东勋 李岑虎	项目组长		学校代表		联系方式	
研学对象	初中生	研学人数	30	带队老师		联系方式	
总课时	3 小时	研学目的地	京西山区中共第一党支部纪念馆			研学时间	
研学目标	通过对京西山区中共第一党支部纪念馆的考察、观看红色主题影片、悼念革命英烈等系列活动，了解京西山区中共第一党支部成立的历史背景，掌握京西山区中共第一党支部早期的伟大贡献和意义，熟悉崔显芳烈士创建党支部的艰难历程，了解英烈事迹，引导学生学习革命先烈，敬仰革命先烈，珍惜今天来之不易的幸福生活，继承先烈遗志，弘扬革命精神，爱国爱党，努力学习，不辱使命。						
研学线路	进入京西山区中共第一党支部纪念馆——文化中心礼堂——崔显芳烈士故居、烈士墓——革命烈士纪念碑。						
研学方式	考察探究、纪念馆参观、团队活动。						
研学方法	讲授法、参观法、调查法、角色扮演法、多媒体教学法、讨论法。						
研学重点	考察京西山区中共第一党支部纪念馆；观红色主题影片，学习革命先烈精神；表演崔显芳创建党支部情景剧；悼念英烈，向烈士纪念碑敬献花圈。						
研学难点	如何理解崔显芳和京西山区中共第一党支部对传播革命所做的重大贡献。						

主题课程内容及实施流程

专题课程一：考察参观京西山区中共第一党支部纪念馆

研学时间：1 小时

负责人：导游、指导师、带队老师、安全员

研学内容：

京西第一党支部纪念馆、参观文化中心礼堂、崔显芳烈士故居及烈士墓、第一党支部旧址、雁翅镇烈士纪念碑

研学方式：考察探究式、纪念馆参观式、团队教育式

研学方法：讲授法、参观法、多媒体教学法

研学过程：

1. 上车前发放研学手册。检查原来布置的问题，查看手册中京西山区中共第一党支部

纪念馆材料。下车后指导师、带队老师组织学生在广场集合，宣布纪律，列队分组由老师带队跟随讲解员参观。

2. 参观考察。在指导师的带领下有序进入教室，聆听讲解员讲解，接受红色研学主题教育。课后有序跟随指导师进行参观，分组讨论，并完成研学手册。

主要研学点：

1. 纪念馆展馆

展馆位于田庄村文化中心旁，馆内主要突出党史教育功能，以壁画、雕像、图片展板等形式，展示了平西山区第一党支部的革命史、党建史、斗争历程和历史遗迹。

2. 文化中心礼堂

文化中心礼堂内有影视厅，在此可为学生播放红色纪录片，让他们亲身感受当年的革命历程。

3. 考察崔显芳烈士故居

崔显芳烈士故居位于田庄村东街，始建于民国时期，自成院落，坐北朝南，建筑面积233.7 平方米，是崔显芳同志早期居住的地方。修复后的故居设有革命文物展览。东房为烈士生平事迹展览室，西房为生活文物展览。

4. 参观第一党支部旧址

1926 年，京西第一个中共党员崔显芳在家乡崔家祖宅创办了田庄高小。就是在这里，崔显芳与魏国元等人一起从事革命活动，创建了田庄高小党支部，宣传党的主张，进行革命教育，积极培养革命力量，先后发展了魏国元、赵曼卿等一批共产党员，培养了大批的革命干部，使革命星火在京西点燃。田庄村成为京西第一党支部的诞生地，在京西革命史和党建史上有着重要地位，是门头沟区人民宝贵的红色资源和精神财富。

观后讨论：

崔显芳烈士为革命做出了哪些贡献？田庄高小党支部成立的意义是什么？田庄高小党支部的突出贡献有哪些？ 结合学生在校生活学习实际，分组讨论问题。然后总结评比，并结合自己生活、学习反思自己的不足。

专题教育二：观红色主题影片，学习革命先烈精神

研学时间：半小时

负责人：指导师、带队老师、安全员

研学内容：观红色主题影片

研学方法：多媒体教学法、讨论法

研学过程：

1. 按照预定时间，集体按顺序进入文化中心礼堂观看红色革命影片，亲身感受革命征程。

2. 观后讨论：影片中有哪些历史人物？他们的事迹有哪些？

结合学生在校生活学习实际，分组讨论问题。

指导师总结评比，并结合学生自己的生活、学习反思自己的不足。

专题课程三：红星闪亮耀深山——崔显芳创建党支部情景剧

研学时间：1 小时

负责人：指导师、带队老师、安全员

研学内容：崔显芳创建党支部

研学方式：职业体验

研学方法：角色扮演法、小组合作法、讨论法

研学过程：

第一步，分组活动

分成 5 个研学小组：导演组、演员组、宣传组、事迹组、群众组。

第二步，分配任务

给《红星闪亮耀深山——崔显芳创建党支部》情景剧的每个小组分配考察任务。各剧务小组根据自己的任务分工，开展各自工作。

第三步，开展活动

1. 以小组为单位，小组组长带领组员开展准备活动，完成自己小组分配的任务。

2. 主要情节：

1922 年，田庄青年崔显芳离开家乡，走出大山看世界。

1924 年，崔显芳加入中国共产党，是京西第一个中共党员，成为京西山区传播马列主义的先驱。

1926 年，他在家乡田庄办学校，将住宅的两间房辟为教室，创办了田庄完全小学，自任校长，开启民智，宣传党的主张，进行革命教育，积极培养革命力量，先后发展了魏国元、赵曼卿等一批共产党员。1932 年，在中共北平市委特派员马建民等人帮助下，成立中共宛平县第一个党支部——田庄高小党支部。党支部成立后，他领导党员开展系列革命活动。成立农民请愿团，捣毁青白口税所及淤白村税卡。随之又成立中共宛平县临时县委。在宛平山区开展秘密革命活动。

3. 导演宣布情景剧表演开始，演员陆续登场表演。

4. 表演结束，合影留念、视频存档。

第四步，总结评议

采用学生自评、学生互评、专家评价、导师评价、学校评价五部分进行综合评价。

第五步，宣传推广

最后宣传报道组整理照片、视频剪辑制作、宣传报道，展示本次的研学旅行成果。

专题课程四：悼念英烈，向烈士纪念碑敬献花圈

研学时间：半小时

负责人：指导师、带队老师、安全员

纪律要求：

肃穆、庄重、安静；大集体活动不掉队，全员参加。

基本流程：

雁翅镇革命烈士纪念碑，碑园占地面积500平方米，纪念碑四周栽植松树、柏树。纪念碑上刻有雁翅镇革命烈士姓名。

1. 学校代表宣布向烈士纪念碑敬献花篮仪式正式开始。

2. 唱国歌。

3. 默哀。国歌唱毕，全场肃立，向为中国人民革命事业英勇献身的烈士默哀。

崔显芳烈士纪念馆　尤杰　摄影

4. 献花篮。2名学生代表手捧鲜花篮，缓缓走向烈士纪念碑，摆放在纪念碑基座上。

5. 瞻仰烈士纪念碑。缓步登上纪念碑基座，在花篮前驻足凝视。随后缓步绕行，瞻仰烈士纪念碑。

6. 仪式结束。

（师资配置、安全措施、研学评价、活动经费、研学反思、纪律要求等参考“香山双清别墅、香山革命纪念馆”主题课程方案。）

课程

25

《没有共产党就没有新中国》纪念馆

《没有共产党就没有新中国》纪念馆位于房山区霞云岭乡堂上村，是《没有共产党就没有新中国》的词曲诞生地。1943 年 9 月，华北群众剧社 40 多人深入平西根据地宣传党的抗日政策。时年 19 岁、刚刚加入中国共产党的曹火星与其他三位同志来到堂上村，在这里，曹火星将自己的爱党深情凝结为红色的乐章，并借用当地流行的“霸王鞭”曲调，创作了《没有共产党就没有中国》。新中国成立后，毛泽东主席将歌名修改为《没有共产党就没有新中国》，让这首歌的意义更加准确。2001 年，《没有共产党就没有新中国》纪念馆依托曹火星当年创作词曲的旧址建成，后来又陆续增建。如今馆内陈列主要记述了中国共产党在不同历史时期的丰功伟绩，以及房山儿女做出的突出贡献，并对《没有共产党就没有新中国》的词曲创作过程进行了重点讲述。纪念馆约 1600 平方米，以图文展示、歌曲链接等沉浸式观展体验呈现。作为全国爱国主义教育示范基地，于 2021 年 6 月纪念馆重新开放。

《没有共产党就没有新中国》纪念馆前的巨大党旗

当年曹火星就是在这样的房子里创作歌曲的

研学资料

探寻红歌创作地，唱响红色主旋律

——《没有共产党就没有新中国》纪念馆研学旅行主题课程

课程名称	探寻红歌创作地，唱响红色主旋律						
设计人	赵东勋　李岑虎	**项目组长**		**学校代表**		**联系方式**	
学校班级	职业中专	**研学人数**		**带队老师**		**联系方式**	
总课时	3 小时	**研学目的地**	《没有共产党就没有新中国》纪念馆			**研学时间**	
研学目标	通过对歌曲《没有共产党就没有新中国》诞生历史背景、创作过程和历史影响的生动展示，了解其创作过程，让学生感受到是共产党人用鲜血和生命换来了今天的幸福生活；教育学生，要团结人民群众，必须谨记人民群众的利益高于一切，努力提高自己为人民服务的本领。						
课程链接	人教版小学《品德与社会》六年级上册“为了中华民族的崛起”；人教版初中《历史》八年级下册“中国人民站起来了”；人教版初中《历史》八年级上册“五四爱国运动和中国共产党的成立”；苏教版初中《语文》八年级下册《白杨礼赞》；人教版高中《政治》必修 2“中国共产党执政历史和人民的选择”。						
研学方式	考察探究、设计制作、劳动教育、职业体验、博物馆参观、党团队活动。						
研学方法	讲解法、讨论法、小组合作法、多媒体教学法、自学法。						
研学重点	了解《没有共产党就没有新中国》这首歌曲创作的历史背景、创作过程和历史影响。学唱这首歌，分析其歌词的内涵，感受中国共产党为创建新中国所付出的艰苦努力。						
研学难点	教育学生要团结广大人民群众，树立衷心拥护中国共产党和坚定跟党走的信念，深刻理解只有中国共产党才能领导中国人民争取国家独立、民族解放、人民幸福的历史必然性。						

主题课程内容及实施流程

主题课程一：参观《没有共产党就没有新中国》纪念馆

研学时间：1 小时

负责人：指导师、导游、带队老师、安全员

研学地点：纪念馆内

研学流程：

1. 研学准备：由指导老师发放研学手册，带好《没有共产党就没有新中国》歌词，带队跟随讲解员安检进入馆内。提前宣布纪律：不大声喧哗，不脱离团队，认真听讲，做好研学记录。

2. 讲解员讲解：跟随讲解员进入大厅参观，聆听讲解。

3. 分组探讨历史事件：

（1）请说出《没有共产党就没有新中国》歌曲作者。

（2）请背诵《没有共产党就没有新中国》的歌词。

（3）请说出《没有共产党就没有新中国》创作背景。

（4）请说出毛泽东与《没有共产党就没有新中国》的关系。

（5）请说出《没有共产党就没有新中国》歌曲的意义。

（6）表明态度。通过此次参观学习，同学们进一步感受到了无数革命先辈为建设新中国做出的巨大贡献，更加明确，作为新时代的青年，应该继承老一辈共产党人不畏艰辛、无私奉献的精神，以老一辈共产党人为榜样，不断提高自身思想觉悟，牢记初心使命，牢记党的宗旨，用实际行动践行承诺。

4. 成果展示。把本次参观《没有共产党就没有新中国纪念馆》研学旅行活动的记录、照片、心得体会等收集整理，全班展示。

研学评价：

采用学生自评、学生互评、专家评价、导师评价、学校评价五部分进行综合评价。

主题课程二：《没有共产党就没有新中国》演唱会

研学时间：2 小时

负责人：校长、党组织干部、团干部、带队老师、指导师、音乐老师、班主任

研学地点：纪念馆广场党旗（全国最大党旗）前

研学工具：演唱会所需音响设备等

研学过程：

一、演唱会筹备阶段

1. 确定演唱会场地、时间。

2. 联系校领导，确定主持人、演员人员、伴舞。

3. 审核报批。先拟写申请报告，把准备要举办的《没有共产党就没有新中国》演唱会作详细说明。

二、演唱会准备阶段

1. 与音乐教研室沟通，选定《没有共产党就没有新中国》演唱会节目，制作演唱会节目单。

2. 确定演唱会当天的摄影师、摄像师、安保人员、现场维护人员。

3. 预定演员师生的住宿餐饮。

4. 制定初步的演唱会工作人员表、演职人员表，并明确工作职责，做好通信录等等。

5. 制定演唱会详细流程，包括灯光音响布置、人员出场情况、时间节点、应急方案等等。

6. 演唱会彩排。

三、演唱会进行阶段

1. 确定演唱会领导、现场媒体记者、赞助单位代表的入座位置，确定老师、学生位置。学生在老师的带领下入场，就座。

2. 灯光、音响的安装及调试、舞台的布置效果。

3. 确定灯光师、音响师、伴舞人员、服装、造型、服务、保安人员的到位情况。

4. 演唱会按照最后确定方案演出。

（1）个人独唱红色歌曲：每组或者每班选代表 1 名，登台演唱。

（2）集体合唱:《没有共产党就没有新中国》。以班级为单位比赛。

（3）学生、观众挥舞着手中的党旗、国旗，用灿烂的笑容和饱含深情的歌声，表达对党的热爱和拥戴之情。全体观众合唱，唱遍了小山村、唱遍了晋察冀边区、唱遍了全中国……这首歌唱出了广大人民群众对中国共产党的衷心拥护和跟党走的坚定信念。

（4）评议：经过评委会评议，选出一定数量的先进个人和单位，颁发优秀歌手奖、优秀团体奖。

四、演唱会结束阶段

1. 观众安全退场、演艺人员安全撤场。

2. 演出完毕，所有物品由专人管理、清点。

专题课程三：时刻为加入中国共产党准备着

研学时间：1 小时

负责人：基层党组织干部

研学对象：职业中专三年级提交入党申请书的优秀团员、团支部书记、团干部、预备党员、正式党员和其他学生干部

研学内容：入党积极分子培训（含学生干部、党员、预备党员）

研学方式：党组织教育

研学过程：

1. 入党积极分子培训开班动员。

2. 上党史教育课。

3. 观看入党培训教程录像。

4. 房山区霞云岭乡堂上村党支部老党员介绍经验、积极分子交流发言。

5. 培训考试，并写出培训的思想汇报。

（师资配置、安全措施、研学评价、活动经费、研学反思、纪律要求等参考“香山双清别墅、香山革命纪念馆”主题课程方案。）

为加入中国共产党时刻准备着

——《没有共产党就没有新中国》纪念馆研学旅行专题课程

<table>
<tr><td>专题课程</td><td colspan="3">为加入中国共产党时刻准备着</td><td>研学地点</td><td colspan="3">房山区霞云岭乡堂上村</td></tr>
<tr><td>学校班级</td><td colspan="3">职业中专三年级</td><td>校方代表</td><td></td><td>带队老师</td><td></td></tr>
<tr><td>备课人</td><td>朱厚颖
李岑虎</td><td>指导师</td><td></td><td>导游</td><td></td><td>专题课时</td><td></td></tr>
<tr><td rowspan="4">课程目标</td><td>价值体认</td><td colspan="6">认同党基层组织建设的重要性。</td></tr>
<tr><td>责任担当</td><td colspan="6">激励自身主动传播党的声音，为入党时刻准备着。</td></tr>
<tr><td>问题解决</td><td colspan="6">通过党的基本知识学习，能够对比党员的标准，查找个人的差距，制定切实可行的整改措施，能够明晰基层党组织的重要意义。</td></tr>
<tr><td>创意物化</td><td colspan="6">绘制党组织组成的思维导图。</td></tr>
<tr><td>研学背景</td><td colspan="7">房山区霞云岭乡堂上村党支部是《没有共产党就没有新中国》歌曲的诞生地，在艰苦卓绝的抗日战争中，英勇顽强的房山堂上村人民在中国共产党的领导下，发展党的基层组织，壮大抗日武装力量，在这片古老的土地上谱写了爱国主义篇章，共产党员的事迹唱遍了小山村、唱遍了晋察冀边区、唱遍了全中国……</td></tr>
<tr><td>研学链接</td><td colspan="7">人教版高中《历史》必修 1“新民主主义革命的崛起”；人教版高中《政治》必修 2“中国共产党执政：历史和人民的选择”；人教版高中《政治》必修 2“中国共产党以人为本执政为民”。</td></tr>
<tr><td>研学内容</td><td colspan="7">入党积极分子培训</td></tr>
<tr><td>研学重点</td><td colspan="7">加入中国共产党成为一名党员的条件、党的基本知识。</td></tr>
<tr><td>研学难点</td><td colspan="7">剖析自身的问题，查找与一名合格党员的差距。</td></tr>
<tr><td>活动方式</td><td colspan="7">考察探究、设计制作、团队教育活动、博物馆参观。</td></tr>
<tr><td>教学方法</td><td colspan="7">讨论法、小组合作法、任务驱动法、讲授法。</td></tr>
<tr><td>教具准备</td><td colspan="7">研学指导师：1. 任务单；2. 讲解评价表；3. 研学手册、研学服务用品；4. 党史资料；
学生：1. 纪念馆材料；2. 个人物品。</td></tr>
</table>

研学旅行过程

研学前

[研学准备，设置问题]（行前一周）

制定培训方案，汇报党支部，建议党支部统筹研学旅行和党员教育活动，把纳新培训融入研学旅行中，以此教育党员，教育学生。由党支部提前布置任务。

任务一：绘制党组织机构图并讲解；

任务二：阐述党支部在党组织中的作用；

任务三：简述中国共产党的发展历史；

任务四：成为一名党员都需要有哪些条件？

研学指导师将学生分成 4 个小组，通过电子抽签的方式，每个小组领取上述一个任务，通过小组学习，完成上述任务。

研学中

[研学导入，提出问题]

研学指导师：同学们，我们现在已经到了房山区霞云岭乡堂上村《没有共产党就没有新中国》纪念馆，稍后我们会跟着讲解员的步伐参观，请大家做好记录，思考以下两个问题：

1.《没有共产党就没有新中国》歌曲诞生的背景和经过。

2. 党支部在革命中的作用是什么？

[研学新课，解决问题]

研学对象：职业中专三年级提交入党申请书的优秀团员青年、团支部书记、团干部、预备党员、正式党员和其他学生干部

研学内容：党的基本知识

研学方式：党组织教育

研学过程：

一、入党积极分子培训开班动员

上级党委领导、学校党支部书记、入党积极分子、学生干部、党员、预备党员就座。领导做动员会报告。

二、上党史教育课

主要内容：形势与政策专题报告；中国共产党的性质、指导思想和纲领；入党动机、入党理念、党的历史以及马列主义、毛泽东思想和习近平新时代中国特色社会主义理论体系；党的路线、方针、政策和党的基本知识；党的历史和优良传统、作风教育以及社会主义核心价值观；端正入党动机，努力创造条件争取早日加入党组织；共产党员的权利和义务；入党程序、要求及注意事项；坚定理想信念，对“四个认同”的再教育；房山区霞云

岭乡堂上村党支部工作事迹介绍。

可以采用“讲授法 + 交流讨论 + 自学”的方法。

三、观看入党培训教程录像

四、参观考察

导游讲解，学生跟随参观。

五、培训发言

（一）房山区霞云岭乡堂上村党支部老党员或先进者介绍经验。

（二）入党积极分子交流发言。

1. 积极分子简述中国共产党的发展历史。

中国共产党百年历史，可以划分为四个历史时期：从 1921 年 7 月中国共产党建立至 1949 年 10 月中华人民共和国成立，是新民主主义革命时期；从 1949 年 10 月至 1978 年 12 月党的十一届三中全会召开，是社会主义革命和建设时期；从 1978 年 12 月至 2012 年 11 月党的十八大召开，是改革开放和社会主义现代化建设新时期；从 2012 年 11 月至今是中国特色社会主义新时代。

2. 积极分子简述成为一名党员都需要有哪些条件。

《中国共产党章程》对此有明确的规定：“年满十八岁的中国工人、农民、军人、知识分子和其他社会阶层的先进分子，承认党的纲领和章程，愿意参加党的一个组织并在其中积极工作、执行党的决议和按期缴纳党费的，可以申请加入中国共产党。”

3. 学生党员表态发言。

4. 积极分子表态发言。

六、培训考试及撰写培训的思想汇报

[研学总结，拓展问题]

党支部领导总结培训，提升优秀学生思想觉悟。

中国共产党在新民主主义革命时期完成救国大业，在社会主义革命和建设时期完成兴国大业，在改革开放和社会主义现代化建设新时期推进富国大业，在中国特色社会主义新时代推进并将在本世纪中叶实现强国大业，这是一个全心全意为人民谋福祉的人民之党，能够加入中国共产党是每一个有为青年的梦想，同学们，希望你们能够不断进步争取早日加入中国共产党，从基层做起，从为人民服务做起，践行一个新时代青年积极向上的新形象。

研学后

[研学评价，反思问题]

思考自身距离一名党员的差距，评价自己的表现，反思不足。制定入党的梦想推进表，争取早日加入中国共产党。

课 程

26

平西抗日战争纪念馆

平西抗日战争纪念馆，位于北京市房山区十渡镇十渡村南，距北京市区约 100 公里，馆内展览分为八个部分，展出图片 316 幅，文物 268 件。平西，即北平以西。1938 年 3 月初，晋察冀军区第一支队政委邓华率三大队进入斋堂川，创建北平第一个抗日根据地——平西抗日根据地，范围包括房山、涞水、易县、门头沟等地，是晋察冀抗日根据地的一个战略要地，是连接敌占区与晋察冀边区的一条重要通道。1985 年，曾长期在平西战斗过的萧克、杨成武、萧文玖等老将军倡议，在十渡建立平西抗日烈士陵园，以永远缅怀抗日战争期间在平西牺牲的先烈。1985 年 10 月“平西抗日烈士纪念碑”在十渡拒马河畔卧龙山上落成。随后，经过 20 年的辛勤建设，平西抗日烈士陵园已发展成为拥有平西抗日烈士纪念碑、无名烈士纪念地、烈士碑林、平西抗日战争纪念馆等占地近 5 万平方米的著名烈士纪念性园区，是一所集宣传、教育、参观、游览于一体的爱国主义教育基地。

十渡平西抗日战争纪念馆

平西抗日战争纪念馆内描述平型关大捷的大型壁画

追寻先烈足迹，铭记抗战精神

——平西抗日战争纪念馆研学旅行主题课程方案

研学资料

课程名称	追寻先烈足迹，铭记抗战精神						
设计人	赵东勋 李岑虎	**项目组长**		**学校代表**		**联系方式**	
研学对象	初中生	**研学人数**		**带队老师**		**联系方式**	
总课时	3.5 小时	**研学目的地**	平西抗日战争纪念馆			**研学时间**	
研学目标	通过参加平西抗日战争纪念馆的系列研学活动，铭记历史，勿忘国耻，珍惜来之不易的和平，感悟老区人民、八路军战士一起同日本侵略者英勇斗争的感人事迹和伟大的抗战精神，用昂扬的斗志，为建立伟大社会主义现代化国家而努力学习。						
研学方式	考察探究、设计制作、劳动教育、职业体验、博物馆参观、党团队活动。						
研学方法	调查法、访谈法、资料查找法、示范法、训练法、小组合作法。						
研学重点	走进平西抗日英雄纪念馆；纪念馆公祭活动；平西战地小记者；为八路军叔叔做军餐。						
研学难点	为八路军叔叔做军餐；如何珍惜来之不易的和平，传承感悟老区人民和八路军战士伟大的抗战精神。						

主题课程内容及实施流程

题课程一：走进平西抗日战争纪念馆

研学时间：1 小时

负责人：讲解员、指导师、带队老师、安全员

研学地点：平西抗日战争纪念馆

研学方式：纪念馆参观式

研学过程：

1. 聆听讲解，参观考察

纪念馆中的整个展览从镌刻在墙上的“没有共产党就没有新中国”的歌谱开始，围绕“日寇侵华，救亡兴起”“平西抗日根据地的建立”“艰苦的战略相持阶段”“夺取抗日战争的胜利”和“青山忠魂”等五个主题展开。

走进纪念馆，首先看到的展品就是鲜红的“抗战烽火”，大家仿佛瞬间穿越，置身于

当年炮火纷飞、硝烟弥漫的战事之中，一幕幕日军在平西对中国人民的残暴罪行赫然入目。山洞中那惨不忍睹的妇女、老幼的累累尸体、被烧毁的片片房屋等场面都揭露了日寇蹂躏平西人民的历史，记录了日军在平西犯下的滔天罪行。

纪念馆共展出图片 316 幅，文物 268 件，从不同侧面、多个角度介绍了全国抗战形势和创建、巩固平西抗日根据地的全过程。这些实物、照片、文字等珍贵史料，集中反映了抗战时期平西军民在党的领导下，不屈不挠、英勇斗争的伟大精神和众志成城、前赴后继的革命气概，向世人展示着一幅幅血与火的历史画卷。

平西抗战纪念馆还记录了抗日战争时期平西抗日根据地发生的，那些老区人民和八路军战士一起共同抵御日本侵略者的英勇故事。这里有“鸡蛋坨五勇士”“老帽山六壮士”的英雄身姿；有“地雷战”“麻雀战”“蘑菇战”“破交战”等久负盛名的作战方法；还有唱遍祖国大江南北的革命歌曲《没有共产党就没有新中国》。

十四年抗战期间，上万名爱国仁人志士为了打倒日本帝国主义永远沉睡在平西这片美丽的土地上。他们用自己的青春血肉铸成了“驱除日寇、恢复中华”的钢铁长城；他们用自己宝贵的生命诠释了“抗日救国”的内涵实质，形成了以爱国主义为核心的抗战精神。

2. 观后讨论

讲解员讲解完毕后，指导师按计划让同学们分组讨论相关问题，进行研学。每个同学都要把所提问题和学习过程记录在自己的研学手册里。通过资料的收集与整理过程，培养多渠道收集和整理资料的能力，培养合作意识。讨论：

（1）平西抗日战争纪念馆的展陈由哪八个部分组成？

（2）平西抗日战争纪念馆展出多少张图片？多少件文物？

（3）平西抗日战争纪念馆反映了抗战时期平西军民什么样的抗战精神？

（4）通过纪念馆参观考察活动，我们受到了什么样的教育？

3. 总结评价

结合本次研学目标进行总结评价。

专题课程二：不忘历史，缅怀革命英烈

研学时间：30 分钟

负责人：学校领导、纪念馆领导及工作人员、指导师、带队老师、安全员

研学地点：烈士纪念碑前

研学方法：向烈士纪念碑敬献花篮

研学流程：

1. 学校代表宣布向烈士纪念碑敬献花篮仪式正式开始。

2. 唱国歌。

3. 默哀。国歌唱毕，全体人员肃立，脱帽，向为中国人民革命事业英勇献身的烈士默

哀 1 分钟。

4. 致队礼。少先队员共同唱起《中国少先队队歌》，并致少年先锋队队礼。高亢的旋律，传送着革命的激情。

5. 随着献花曲响起，2 名学生代表向烈士纪念碑敬献花篮。校长同志来到花篮前整理缎带。

6. 随后，全体人员有序瞻仰烈士纪念碑，表达崇敬之情。整个活动，庄严肃穆，全体人员共同回顾历史，缅怀先烈。

7. 仪式结束。

主题课程三：我是平西战地小记者

研学时间：1 小时

负责人：学校领导、指导师、带队老师、安全员

研学地点：平西抗日战争纪念馆

研学内容：寻找平西抗战故事

研学方法：调查法、访谈法、资料查找法

研学流程：

一、具体要求

每 5 人一小组，每组在馆内寻找三个平西抗战事件，并亲自动手绘制一份抗战报纸，报纸里要报道这些事件。报纸最后由学校代表赠送给平西抗日战争纪念馆做纪念。

二、查找典型事件（示例片段）

1. 一两盐吃一年

1942 年，因敌人封锁和蚕食，根据地大大缩小了，又赶上连年的自然灾害，抗日根据地的军民处于极度困难之中。房山河北镇当时是敌占区，坨里往里 60 来个村子，大批老百姓被饿死。那个年月土地干裂、草木干枯。人们没有粮食吃，花生皮、白薯秧、高粱壳、枕头里的米糠都掏出来吃了，后来连草根、树皮都吃光了，又到河里捞水草吃。这里记录的是一两盐吃一年的故事，它既反映了当时的艰苦生活，也反映了革命队伍内同志间的战斗友谊……

2. 一罐黑豆

“1942 年敌人封锁根据地时是最困难的。”李德仲说。因为根据地群众少，队伍多，粮食不够吃，常常几天都见不到一粒粮食，只能以野菜、黑豆充饥。李德仲记得，紫石口村一位 60 多岁的老大娘把仅存的一罐黑豆送给了部队，说：“收下吧，我都是 60 多岁快入土的人了，活着也不能打鬼子，你们还年轻，不吃粮食怎么打仗啊！”

3. 萧克、邓华等老一辈共产党人领导平西人民创建和巩固抗日根据地的全过程。

4. “老帽山六壮士”以及赵然、陈辉、晋耀臣等许多可歌可泣的英雄人物和动人事迹。

5. 曹火星创作歌曲《没有共产党就没有新中国》。

三、编报纸

学生以小组为单位，亲自动手绘制一份抗战报纸，报纸里要报道当地的抗战故事。

四、赠送报纸

评比、拍照留影后，由学校代表收齐并赠送给平西抗日战争纪念馆作为纪念。

专题课程四：我为平西抗战八路军叔叔做军餐

研学时间：1 小时

负责人：厨师、指导师、带队老师、安全员

为增加纪念馆研学活动的教育性、实践性、趣味性、可参与性。充分利用当地资源开展红色劳动教育，研学期间可以组织学生亲手体验，做八路军军餐，以此锻炼学生的劳动能力、劳动精神，养成热爱劳动的习惯，锻炼劳动品质，增强学生的劳动自豪感。在做军餐的劳动中感恩革命先烈，培养学生爱国情怀。

做军餐的主要内容：

由厨师讲述凉菜、热菜、汤、粥以及主食的烹饪手法，向学生示范展示，然后指导师指导学生动手制作，并且提示学生制作完餐食之后要做到工完场清。

制作完毕，开展总结、评价和反思。

（师资配置、安全措施、研学评价、活动经费、研学反思、纪律要求等参考“香山双清别墅、香山革命纪念馆”主题课程方案。）

我为八路军叔叔做军餐

——平西抗日战争纪念馆研学旅行专题课程方案

课题名称	我为八路军叔叔做军餐			**设计人**	朱厚颖		
学校班级	初中生			**校方代表**		**带队老师**	
项目专家	李厨师	**指导师**		**教学课时**	1	**授课时间**	
导游		**安全员**		**基地代表**		**旅行社代表**	
教学目标	劳动观念	在做八路军军餐的过程中，体悟到八路军食不果腹的艰辛，反思自己浪费粮食、挑食的坏习惯，树立节约粮食的观念。					
	劳动能力	能够从历史的角度，正确认识八路军餐食的标准，能够运用手边材料选择合理的烹饪方式进行烹制食物，积累必备的烹饪技能。					

续表

	劳动精神	在品尝八路军标准的饭菜的过程中，感叹八路军在餐食营养不够、热量不够、分量不够甚至没有的情况下，仍然能够浴血奋战，深切感受八路军将士们的抗战精神。
	劳动习惯和品质	养成节约粮食的习惯，学会精打细算，让食材发挥最大的效用，养成勤俭的习惯。
基地背景	平西抗日战争纪念馆位于房山区，纪念馆的陈列反映了从 1937 年到 1945 年当地军民为创建巩固平西抗日根据地所做出的重要贡献和付出的重大牺牲。	
教学链接	人教版 初中二年级《历史》。	
教学内容	1. 八路军吃什么；2. 制作八路军军餐。	
教学重点	制作八路军军餐，明白抗日战争的艰难，珍惜今天的幸福，养成节约、热爱劳动的习惯。	
教学难点	制作八路军军餐，明白抗日战争的艰难，珍惜今天的幸福，养成节约、热爱劳动的习惯。	
教学方式	职业体验式、设计制作式。	
教学方法	讲授法、示范法、训练法、小组合作法。	
教具准备	八路军餐食菜单、菠菜、黄花菜、小米、野菜等。	

教学过程

研学前

[课前准备，设置问题]

（一）组建研学小组

研学团下设多个小组。要求人人有岗位，个个有职责。提前让学生自行分工组合。指导师配合班主任或带队老师具体分配任务。

（二）告知课程目标

（三）布置研学任务

研学指导师、学生做好各项准备的检查，并嘱咐学生提前收集好八路军餐食的相关材料。

研学指导师提示学生思考：八路军平时吃什么呢？

研学中

[课堂导入，提出问题]

研学指导师：同学们我们来到平西抗日战争纪念馆，八路军曾在这里浴血奋战，无数战士忍着饥饿和伤痛，冒着生命危险与日军战斗，最终守住了平西大地。同学们，想必你们没有饿过肚子吧？可我们的八路军因为当时条件艰苦一直饿着肚子在战斗，今天我们就一起看一下八路军当年都吃什么。

[开展新课，解决问题]

要求：1. 始终围绕目标教学；2. 始终分组开展活动；3. 确保全员参加亲自体验；4. 发挥先模学生的带头作用；5. 运用恰当的方式方法；6. 研学评价贯穿全程。

一、展示餐食内容，体悟八路军的艰辛

研学指导师请学生展示提前查找到的八路军餐食内容。

开始时，华北八路军每人每月的伙食标准是 40~45 斤小米，3 两油，1.5~3.5 元的菜金，但没有肉食。

1941 年后，部分地区以黑豆加野菜为食。连白洋淀这种被认为是富庶的地区，老百姓也是靠着打捞水草过活，更别提八路军了，有的八路军靠着在河里捞点小鱼小虾生存，但是腥味太重难以食用。

之后八路军开始大生产运动，条件有所改善，以晋察冀第 3 军分区 2 团为例，每人每天能吃到油、盐，还能吃二斤菜，有时每月还能吃一斤猪肉。

二、设计八路军餐食菜单

研学指导师请学生 4 人一组，一组领取一张白纸，拿出提前准备好的马克笔，按照上述所说八路军餐食内容，设计八路军餐食菜单，并向学生提出要求：菜单中包括凉菜或者热菜一道、粥或者汤一道、主食一种。

学生各组设计餐食菜单，研学指导师进行及时指导。

三、设计做饭流程

研学指导师结合三类餐食的烹饪手法，分别讲述凉菜、热菜、汤、粥以及主食的烹饪手法，并且提示学生制作完餐食之后要做到工完场清。

1. 凉菜：洗菜——切菜（保留食用部位）——切制配料（葱、姜、蒜等）——焯水——调制调料——搅拌均匀——装盘。

2. 热菜：洗菜——切菜——切制配料（葱、姜、蒜等）——热锅（直至锅中无水）——放入食用油——炒制配料——炒制菜品——放入调味品——装盘。

纪念馆内老帽山六壮士雕塑

3. 汤：洗菜——切菜——切制配料（葱、姜、蒜等）——热锅（直至锅中无水）——放入食用油——炒制配料——炒制菜品——加入水或者高汤——放入调味品——搅拌均匀——盛出。

4. 粥：配比谷物杂粮——清洗——放入锅中——加水——熬制——盛出。

5. 主食：和面——揉面——造型——蒸制——装盘。

四、学生制作餐食（基地能开展就在基地进行，如果基地不能制作就回到家中制作）

研学指导师请学生在家中进行餐食制作，主食可视具体情况制作，并拍摄制作过程，形成 Vlog 传至班级群，同时将餐食请家长品尝，进行餐食评价。

[教学总结，反思问题]

研学指导师线上进行教学总结，随机抽取 2—3 名学生分享制作餐食的心得：

1. 家长品尝我制作的餐食之后，觉得我做得不太好吃，但是他们也很高兴，毕竟这是我亲手做的；我自己品尝过后，发现确实难以下咽，一方面是我缺乏这种烹饪生活技能的练习，另一方面我也体会到八路军吃树皮的那种难受和痛苦，相比于他们，我们已经非常幸福了，所以难吃我也要吃下去，不能浪费粮食。

2. 最大的收获是再也不挑食了，我体会到原来做饭这么不容易，我只是做了一道凉菜一道热菜，没有制作主食，就已经很累了；对于“无肉不欢”的我来说很难受，但是我更加清楚地知道八路军有时候一个月才能吃上一次肉，他们更加艰辛。我生活得太幸福了，不能再这样挑剔、抱怨了。

研学后

[教学评价，激励提升]

研学指导师公布各个小组的评价得分，并且进行激励提升：平西抗日战争中牺牲的烈士最大的有 37 岁，最小的年龄仅 21 岁，生前也是经历各种痛苦、饥饿，我想我们确实不能感同身受，但是通过制作餐食我们能够体会到这样简单的餐食对于八路军来说都已是奢侈，那么我们需要反思自己平时是否存在浪费粮食、不尊重他人劳动成果的情况，希望同学们能够认真改正。

研学后评价

1. 方式：学生自评、学生互评、专家评价、导师评价、学校评价五部分。

2. 评选出 10 名优秀小厨师。一等奖 2 名，二等奖 3 名，三等奖 5 名。奖品待议。

研学成果

1. 将个人心得、日志、图片、录像、课件等资料成果进行整理、保存。

2. 完成研学任务卡。

3. 与家人、朋友、同学分享研学活动之后的心得体会，或者作为日记写下来。

课　程

27

庙上村党支部纪念馆

庙上村党支部纪念馆位于北京市怀柔区九渡河镇庙上村，距怀柔城区 45 公里，距北京城区 60 公里。作为怀柔区建立最早的中国共产党基层党支部，庙上村党支部成立于 1940 年 10 月。抗日战争时期，庙上村原属昌延联合县，时任昌延联合县二区区委书记高万章来到庙上村开展工作，并在这里建立了怀柔第一个党支部，素有“怀柔西柏坡”之称。2006 年 7 月 7 日，庙上村党支部纪念馆落成。馆内通过照片、展板和教育片等形式，再现了 1940 年 10 月以来，怀柔第一党支部成立和发展的革命历程。现在，这里已被列为北京市廉政教育基地、北京市爱国主义教育基地。

庙上村乡情村史展室

怀柔第一党支部书记高万章

国旗飘扬在军都山深处

北京市爱国主义教育基地——庙上村怀柔第一党支部旧址

传承庙上星火，做新时代优秀青少年

——庙上村党支部纪念地研学旅行主题课程方案

研学资料

课程名称	传承庙上星火，做新时代优秀青少年						
设计人	李岑虎	**项目组长**	刘经理	**学校代表**		**联系方式**	
研学对象	初三学生	**研学人数**	30	**带队老师**	向老师	**联系方式**	
总课时	3.5 小时	**研学目的地**	庙上村党支部纪念馆				
研学目标	通过参观怀柔第一党支部纪念馆、观看红色教育主题宣传片、参加入团宣誓仪式系列活动，让学生了解当年庙上村党组织和八路军战士艰难而又辉煌的革命历史，让学生珍惜现在来之不易的幸福生活，热爱伟大的中国共产党。引导学生运用在研学旅行中学到的知识和能力，解决在学习、生活中遇到的困难，像革命先辈一样，肩负民族复兴使命，传承庙上星火，做新时代优秀青少年。						
研学内容	1. 参观怀柔第一党支部纪念馆；2. 观看红色教育主题宣传片；3. 入团宣誓仪式。						
研学方式	纪念馆参观、设计制作、团队活动、劳动教育、考察探究。						
研学方法	讲授法、调查法、实训法、体验法、讨论法、小组合作法。						
研学重点	参观怀柔第一党支部纪念馆；观看红色教育主题宣传片；入团宣誓仪式；制作担架、野外生存救护。						
研学难点	如何继承和发扬庙上村革命传统、坚定共产主义理想信念、永远跟党走。						

主题课程内容及实施流程

专题课程一：参观考察庙上村党支部纪念馆

研学时间：1 小时

负责人：指导师、讲解员、导游

研学方法：讲解法、参观法、讨论法

研学内容：

一、集合，排队有序进入庙上村党支部纪念馆。

纪念馆包括主展厅、党支部创建人高万章塑像和广场三部分。

二、参观庙上村纪念馆专题展览，聆听庙上村党支部纪念馆讲解员讲解，探究共产党人的革命事迹。

1. 聆听讲解员讲解庙上村悠久的革命历史和动人的革命故事。1938 年庙上村就有八路军工作人员来往。庙上村党支部及其党员在抗日战争极其残酷的形势下，带领广大群众进行了艰苦卓绝的斗争，充分发挥了支部战斗堡垒作用，在怀柔党组织发展的历程中，谱写了光辉的一页。

2. 参观纪念馆。展厅于 2006 年 7 月 7 日正式对外开放，2012 年进行了扩建改造，由展厅、广场、多媒体播放室和情景展室四部分组成。展厅围绕“红色记忆”和“建设辉煌”两个主题，展出了“红色灯塔”“抗战烈焰”“怀柔烽火”“庙上硝烟”等八个部分的内容，再现了抗日战争和解放战争时期，怀柔人民英勇抗敌的历史，以及改革开放后，怀柔第一党支部诞生地庙上村的发展情况。力求全面客观反映庙上人民从抗战时期到和平年代，不断继承和发扬革命传统、坚定理想信念、“永远跟着共产党”的革命历程。

3. 分组调查讨论：

（1）分组调查在庙上村生活工作过的老党员、老八路，或者后人，查找纪念馆资料。

（2）通过庙上村党支部纪念馆资料调查，了解到在怀柔沃土上，众多中国共产党人、八路军战士站在时代前列，探求抗日救亡道路，谱写了一曲曲救国救民、抗击日寇的壮丽诗篇。

（3）小组内交流汇报，讲述庙上村党支部带领八路军抗击日寇的英雄事迹。

专题课程二：观看红色教育主题宣传片

一、集合，统一进入多媒体教室。

二、通过电脑、投影仪等设备，播放《庙上党史》《那一片红》等革命传统、廉政教育片，进一步感受怀柔第一党支部的革命历程，展现“怀柔第一党支部”红色革命精神。

三、分组讨论，分享交流观后感想。

1. 小小庙上村，为何如此“红”？

2. 怀柔第一党支部的红色革命精神是什么？

3. 每人交一篇 500 字左右的《庙上村影片观后感》。

专题课程三：入团宣誓仪式

研学地点：纪念馆广场

仪式程序：

1. 全体立正；

2. 唱团歌；

3. 宣布新团员名单；

4. 授予团员标志，佩戴团徽；

5. 宣誓（由仪式主持人领导，读誓词时举右手）：

中国共青团的入团誓词：我志愿加入中国共产主义青年团，坚决拥护中国共产党的领导，遵守团的章程，执行团的决议，履行团员义务，严守团的纪律，勤奋学习，积极工作，吃苦在前，享受在后，为共产主义事业而奋斗。

6. 新团员代表讲话；

7. 团委领导讲话；

8. 仪式结束。

专题课程四：采访庙上村老党员，寻找抗日故事顺口溜

研学地点：庙上村

研学时间：1 小时

负责人：指导师、导游、安全员

研学方式：考察探究式

研学方法：调查访问法、小组合作法

研学流程：

1. 全班分成 6 个小组，每组安排一位老师带领，担任综合负责人。以小组为单位，采访村里的老党员、老村民，每人搜集并背诵 1—2 个以上关于庙上村军民齐心抗日故事的顺口溜。采访方法由同学们商定。

2. 采访后归纳整理。各小组在指导师的引导下，组长汇报自己小组的采访成果，班长和学习委员收集整理，编成《庙上村军民抗日故事顺口溜》。譬如："个子高、身体壮，军人作风斗志旺，率领区委来庙上，声东击西山上闯，汉奸特务记上账，罪大恶极枪子撞，忆党史，庙上支部是他创——第一书记高万章。"

"军粮一到位，腾出水缸和饭柜；热炕头，让给咱们八路睡；大树下，石洞里面去开会；吃奶的孩子山上喂，几家合盖一条被……"

3. 回到学校印刷成册，分给学生，激励学生传承中国共产党人的红色革命精神。

4. 评价总结、激励提升。

安全要求：

1. 研学旅行期间请学校自备饮水、食物，补充能量。全程禁止任何研学人员饮酒。

2. 研学旅行期间安全第一，请听从老师和导游的统一安排，不要单独行动。登山时做到走路不看景、看景不走路。

3. 研学旅行中拍摄时，请注意安全，不要到有危险的地区拍摄或攀爬。

4. 研学旅行时师生和家长志愿者要统一穿八路军军装，请穿运动鞋或平底鞋，不要穿新皮鞋、高跟鞋和硬底鞋。

5. 学生在行程中自理用餐时应注意卫生，在分组活动、自由研学活动时应注意安全。

6. 研学旅行途中手机、照相机、摄像机等贵重物品随身携带，请自身注意保管，切勿离手，如遗失、损坏责任自负。

（师资配置、安全措施、研学评价、活动经费、研学反思等参考"香山双清别墅、香山革命纪念馆"主题课程方案。）

我为八路军叔叔采摘板栗

——怀柔第一党支部纪念馆研学旅行专题课程方案

课题名称	我为八路军叔叔采摘板栗			**劳动地点**	怀柔区庙上村		
学校班级	初中生	**校方代表**	校长	**带队老师**	朱老师	**设计人**	李岑虎
项目专家	板栗种植能手	**指导师**		**教学课时**	3	**授课时间**	
导游	赵导	**安全员**	王保安	**基地代表**	张村长	**服务方代表**	经理
研学目标	劳动观念	通过参与板栗采摘劳动，体会当年八路军战士的艰难困苦，树立正确的劳动观念，树立劳动最光荣、劳动最美丽的思想观念。					
	劳动能力	通过对摘板栗的准备、采摘、储运等环节的参与，初步具备采摘必备的基本劳动知识和技能，逐渐具备团队合作能力。					
	劳动精神	通过板栗采摘配套文化活动（朗诵、摄影、绘画、书法、征文等）和合作劳动，向八路军战士学习，培育积极的劳动精神。					
	劳动习惯和品质	在板栗采摘劳动中养成认真负责、安全规范、吃苦耐劳的劳动习惯，向八路军战士学习艰苦朴素、乐观向上的高贵品质。					
研学资源	第一党支部旧址所在的庙上村种植了大面积的板栗、苹果、枣、梨、核桃等果树，劳动教育资源十分丰富。						
研学链接	教科版《科学》四年级下册第二单元“花、果实和种子”；人教版初中《生物》七年级上册第三单元“生物圈中的绿色植物”。						
研学内容	板栗的采摘、分装、转运、存储技术；开展板栗诗歌朗诵和柿子园绘画写生。						
研学重点	1. 强调身心参与，让学生具备基本的采摘技能； 2. 优化劳动流程，关注劳动安全，让学生运用所学创造性地解决实际问题； 3. 采摘劳动中，让学生领悟劳动的意义价值，形成勤俭、努力、奉献和创新的劳动精神和美德，培养学生向八路军战士学习的高贵品质。						
研学难点	1. 让学生在学习和掌握劳动技能的过程中，手脑并用，学习劳动技能，领悟劳动魅力； 2. 鼓励学生学习和借鉴经验，创新方法，解决实际问题； 3. 通过参与板栗采摘劳动，体会耕读结合的劳动魅力，树立正确的劳动观念，树立劳动最光荣，劳动最美丽的思想观念，逐渐具备团队合作能力，培育积极的劳动精神，号召学生向八路军战士学习。						
研学方式	劳动教育、考察探究、社会服务、职业体验。						
研学方法	角色扮演法、成果展示法、讲授法、情境体验法、讨论法。						
教具准备	八路军军服、折叠梯（伸缩梯）、剪刀、果篮、手推车。						

研学过程

劳动教育前

［课前准备，设置问题］

1. 组建劳动小组

全班每 6 人一组，下设若干个小组。要求人人有岗位，个个有职责。提前让学生自行分工组合。根据学生不同的身形条件、男女性别、对山地劳动的熟悉程度等因素进行分组，选出组长。指导老师配合班主任或带队老师分配具体任务。

2. 告知劳动目标

3. 布置劳动任务

每小组承包 1 棵板栗树的采摘、分装、转运、存储等技术任务。

4. 做好劳动事务

在组长的组织下进行合理分工，领取梯子、果篮、手推车等劳动工具。

劳动教育中

［课堂导入，提出问题］

由学校去往基地的大巴上，导游讲解沿途风光；老师做好课程准备，导入新课；让学生分组讨论有关板栗采摘问题；宣传组收集整理发言情况。

［开展新课，解决问题］

要求：始终围绕目标研学；始终分组开展活动；确保全员参加，亲自体验；发挥先模学生的带头作用；运用恰当的方式方法；研学评价贯穿全程；全程进行劳动安全教育。

1. 布置劳动场景

学生提前准备古今诗文中歌颂劳动、赞美丰收和吟咏板栗的内容，用软硬笔书法写出来，并进行书法展示。用丝带串联书法作品，环绕在板栗园的周围，各色纸张迎风轻扬，营造采摘劳动的文化氛围。

播放《在希望的田野上》音乐，让歌声回荡在整个板栗园。全体同学围坐在一起，请六位同学朗诵诗歌——《田舍》《秋获歌》《劳动者之歌》等，引导学生向往劳动，激发学生参与劳动的热情。

2. 劳动开场仪式

到达基地以后，老师强调劳动纪律、告知劳动目标、布置劳动任务。

每小组承包 1 棵板栗树的采摘、分装、转运、存储等技术任务。在组长的组织下进行合理分工，领取梯子、果篮、手推车等劳动工具。

3. 讲解示范

邀请熟悉板栗采摘劳动的农民师傅，为学生讲解板栗采摘的动作要领和互助劳动的方式，让学生初步掌握采摘劳动的基本原理和程序。同时牢记安全注意事项和风险提示，避免劳动伤害，并保护好板栗树。

4. 实践操作

（1）采摘

分组合作，正确使用劳动工具，做好安全防护，根据板栗树挂果量的多少，开展劳动。两人扶梯，一人上树采摘，两人根据板栗大小进行分拣和分装。写生组和摄影组散布在板栗园各处，描绘、记录劳动场景，抓拍同学们挥汗如雨的劳动瞬间。指导师监督劳动全过程，强化规则意识，避免不规范的动作和危险行为，并指导学生采摘过程的劳动细节，引导学生做到心到手到，提升动手能力，鼓励在劳动中出力流汗的先进典型。

（2）运输

树上的板栗采摘结束后，小组成员通力合作，使用手推车，将分装好的板栗用果篮转运到干爽阴凉的库房，摆放整齐。

5. 我为八路军叔叔献板栗

板栗加工组，把板栗加工炒熟后捧出来，向八路军的扮演者——老师、导游、司机、农民伯伯、路人等分享品尝。

［研学总结，反思问题］

1. 回顾总结。以小组为单位总结并谈谈自己在本次劳动中的收获和提升情况。写出个人劳动心得体会。指导师写出自己的研学总结。

2. 运用所学的知识和技能拓展解决新的问题。

3. 反思自己在本次活动所取得的成绩和存在的问题。劳动结束后，围绕本次板栗采摘劳动，进行个人反思和小组反思，引导学生思考劳动技术和劳动效率是否还有提升空间，探讨组内合作的优点和不足，分享采摘板栗的劳动体验和收获，指导学生完成劳动体验报告，并在组内交流后，遴选优秀的体验报告在班级内部交流。

劳动教育后

［研学评价，激励提升］

1. 研学评价

（1）方式：学生自评、学生互评、专家评价、导师评价、学校评价五部分。

（2）根据本次劳动中的综合表现，每个小组评选一名劳动之星，并作为班级向学校推荐每月十星的候选人。

2. 激励提升

（1）评选本次板栗的优秀绘画、书法和摄影作品，并将拍摄的照片和视频制作成专题短片，上传到班级视频号，并在家校联系会上展播。

（2）将优秀体验报告推荐到校报上，向家人、朋友、同学分享经验，让更多的人共享劳动的满足感和幸福感，提升在本次为八路军叔叔采摘板栗过程中的爱党爱国情怀。

课程

28

弘德烈士陵园

弘德烈士陵园无名烈士纪念碑

弘德烈士陵园位于怀柔区北部的宝山镇道德坑村，这里原来是解放战争时期“后方医院”的所在地，1947年开始建立陵园。解放战争时期，冀热察军区司令部及党政机关和四海县党政机关曾驻扎在宝山镇政府所在地一带，后方医院就设在道德坑村，许多当地的村民也积极参与。当时后方医院主要接收参与冀热察系列战役、平津战役受伤的解放军战士，共收治部队伤员3万人左右。因缺医少药，牺牲在道德坑村的革命烈士达3000多人，如今仍有600余位烈士长眠于此。目前，弘德烈士陵园被列为北京市怀柔区文物保护单位、青少年革命传统教育基地。

弘德烈士陵园——光荣烈士永垂不朽

弘德烈士陵园牌坊

解放战争期间，当地村民救治了大量解放军伤病员

不忘初心换真情，道德坑村红色行

——弘德烈士陵园研学旅行主题课程方案

研学资料

课程名称	不忘初心换真情，道德坑村红色行						
设计人	李岑虎	项目组长		学校代表		联系方式	
研学对象	五年级学生	研学人数	36	带队老师		联系方式	
总课时	2.5 小时	研学目的地	弘德烈士陵园			研学时间	
研学目标	通过在纪念馆内参观英烈事迹、向英烈敬献鲜花、少先队员宣誓，以及野外担架制作与救护等活动，让学生了解英烈们浴血奋战的历史，铭记历史、缅怀先烈、将先烈们无私奉献、不怕牺牲的革命精神传承发扬，从小立志爱党爱国爱人民，传承红色精神，赓续红色血脉。						
研学内容	1. 纪念馆内参观英烈事迹；2. 向英烈敬献花圈；3. 少先队员宣誓；4. 担架制作、野外救护活动。						
研学方式	考察探究、设计制作、团队活动、劳动教育。						
研学方法	讲授法、实训法、体验法、讨论法、小组合作法。						
研学重点	纪念馆内参观英烈事迹，了解英烈们浴血奋战的历史；集体向英烈敬献花圈；少先队员宣誓活动；担架制作、野外救护。						
研学难点	引导学生铭记历史、缅怀先烈，将先烈们无私奉献、不怕牺牲的革命精神传承发扬。						

主题课程内容及实施流程

专题课程一：参观道德坑红色体验基地展馆

研学时间：1 小时

负责人：指导师、导游

研学方法：讲解式、任务式

研学内容：

1. 参观纪念馆，聆听讲解员讲解。弘德烈士陵园位于京北革命老区宝山镇道德坑村。解放战争时期，道德坑村曾是冀察热辽军区最大的后方医院，接收平津战役、喇叭庙战役、潼关战役及延庆康庄战役受伤的革命战士。“家家是病房、户户住伤员、人人当看护”，是当年道德坑村的真实写照。

2. 参观过程中，全体同学在一幅幅历史图片、一张张图表和一件件珍贵实物前驻足观看、

弘德烈士陵园内的怀柔英烈榜

凝神沉思，或拍照、或记录、或素描，深刻感受在炮火纷飞的战争年代，中华儿女不屈不挠、浴血奋战的伟大爱国主义精神，深切缅怀为争取人民解放而英勇献身的革命先烈。

3. 分组讨论先烈们的英雄事迹，反思自己在学习、生活中的不足，激励学生继承先烈遗志，为新时代中国特色社会主义建设做出自己的贡献。

4. 总结评比，展示成果。电子照片、记录片段、素描故事、参观体会等，收集起来编写《弘德烈士陵园研学旅行故事》。

专题课程二：向革命烈士敬献花圈

研学地点：烈士陵园墓区

研学时间：1 小时

负责人：指导师、导游、安全员

研学旅行方式：考察探究式、团队活动式

研学方法：参观法、讲解法、少先队活动法

研学内容和流程：

1. 向革命烈士敬献花圈

陵园墓区分为有名烈士墓区和无名烈士墓区。在烈士陵园的下方，宝山镇专门为牺牲在这里的无名烈士修建了纪念亭，名为“忠魂亭”，亭内立着“无名烈士纪念碑”。

同学们准备鲜花，来到烈士陵园为革命先烈默哀，并向烈士敬献鲜花，以表达对先烈们的思念和缅怀。革命英烈们用他们自己的鲜血为我们换来了今天的和平与幸福，他们英勇无畏的壮举，不屈不挠的精神让同学们肃然起敬。

2. 考察烈士纪念碑

烈士纪念碑是整个陵园的主体建筑之一，位于陵园东部烈士墓区的前方，碑基面积 150 余平方米，碑身由 596 块花岗岩石块砌成，上嵌有五角星，雕刻着太阳、齿轮麦穗图案，碑高 14.8 米，数百米外就能望见其雄姿。碑后的浮雕烈士墙上，生动再现了解放战争时期发生在这里的几场战役：多伦攻坚战、强攻延庆城、白河阻击战以及土木阻击战等。

3. 考察结束后，全体同学来到纪念碑前进行少先队员宣誓活动

我是中国少年先锋队队员，我在队旗下宣誓：我热爱中国共产党，热爱祖国，热爱人民，好好学习，好好锻炼，准备着：为共产主义事业贡献力量！

专题课程三：我是道德坑村小小战地卫生员

研学地点：道德坑红色体验基地

研学时间：1 小时

负责人：医护专家、指导师、导游、安全员

研学方式：劳动教育式、职业体验式、设计制作式

研学方法：讲解法、体验法、实训法

包扎救护

制作担架

研学流程：

1. 医护专家讲解野外救护和野外简易担架制作过程。

2. 由指导师组织各小组开展野外简易担架制作。

3. 由组内小组长组织展开野外包扎救护活动。

4. 担架抬伤员，体验行军路。

5. 唱《大刀进行曲》《打靶归来》。

6. 评价总结、激励提升。

（师资配置、安全措施、研学评价、活动经费、研学反思、安全要求等参考“香山双清别墅、香山革命纪念馆”主题课程方案。）

课程

29

白乙化烈士纪念馆·邓玉芬广场

“小白龙”白乙化是平北抗战的传奇人物，他率领八路军游击队转战北平周边，战绩辉煌，敌人闻风丧胆。1941 年他率部在密云县马营西山与敌人激战时被冷枪击中，壮烈牺牲。白乙化烈士的陵园坐落于风景如画的密云水库北岸，园中的纪念碑上，刻着萧克将军手书的 8 个大字“血沃幽燕名垂千古”，旁边的纪念馆内，以大量图片和实物展示了白乙化的生平和密云地区的抗战史。距陵园不远的白河畔，还竖立着一位英雄母亲的雕塑，她就是有着“当代佘太君”之称的邓玉芬。在 2014 年 7 月 7 日全民族抗战爆发 77 周年的纪念活动上，习近平总书记特别指出：“在这场救亡图存的伟大斗争中，中华儿女为中华民族独立和自由不惜抛头颅、洒热血，母亲送儿打日寇，妻子送郎上战场，男女老少齐动员。北京密云区一位名叫邓玉芬的母亲，把丈夫和 5 个孩子送上前线，他们全部战死沙场……”

英雄母亲邓玉芬雕像

白乙化烈士陵园牌坊

白乙化烈士墓

研学资料

缅怀英雄，告慰英灵

——白乙化烈士纪念馆、邓玉芬广场研学旅行主题课程方案

课程名称	缅怀英雄，告慰英灵						
研学对象	初中生，30 名					**带队老师**	周老师
研学时间	5 小时	**指导师**	李老师	**导游**	赵导	**备课人**	高霞
研学地点	密云区石城镇河北村白乙化烈士陵园、张家坟村对玉芬广场。						
研学链接	人教版，八年级上册《历史》；高中必修 1《历史》“抗日战争”。						
研学目标	通过向白乙化烈士、英雄母亲邓玉芬敬献花篮、参观白乙化烈士纪念馆、瞻仰“英雄母亲邓玉芬”雕塑、做八路军饭等系列活动，让学生了解日本侵略者给中国人民带来的灾难和伤害，深刻领会中国共产党领导下的广大人民反抗侵略的爱国主义精神以及抗日先烈们为了独立和自由舍生忘死的革命精神。引导学生坚定“四个自信”，珍惜革命志士抛头颅洒热血换来的幸福，继承先烈遗志，发扬艰苦奋斗的优良传统，为伟大的民族复兴事业建功立业。						
研学内容	向白乙化烈士墓敬献花篮，参观白乙化烈士纪念馆，向英雄母亲邓玉芬敬献花篮、瞻仰“英雄母亲邓玉芬”雕塑，聆听“英雄母亲邓玉芬”英雄事迹，做八路军饭忆苦思甜。						
研学重点	参观白乙化烈士纪念馆、聆听“英雄母亲邓玉芬”英雄事迹、做八路军饭忆苦思甜。						
研学难点	如何领会中国共产党领导下的广大人民反抗侵略的爱国主义精神以及抗日先烈们为了中华民族独立和自由舍生忘死的革命精神？ 如何引导学生坚定“四个自信”？ 如何珍惜革命志士抛头颅洒热血换来的幸福，为伟大的民族复兴事业建功立业？						
研学方式	考察探究、团队教育活动、纪念馆参观、劳动教育。						
研学方法	讲授法、讨论法、训练法、小组合作法等。						
研学教具	八路军军服、团旗、少先队队旗。						

研学过程（五个环节）

第一步：研学前

【课前准备，设置问题】

（一）组建研学小组

研学团下设 5 个小组，每小组 6 人。要求人人有岗位，个个有职责。提前让学生自行分工组合。指导师配合班主任或带队老师具体分配任务。

（二）告知课程目标

（三）布置研学任务

1. 查找白乙化烈士和英雄母亲邓玉芬事迹资料；

2. 查找课本中有关抗日战争的内容；

3. 准备好八路军军服。

【导入新课，提出问题】

由学校去往基地的大巴上，导游作沿途风光讲解；做好课程准备，导入新课；检查研学前任务；让学生分组讨论白乙化烈士和英雄母亲邓玉芬事迹等相关问题。

第二步：研学中

【研学新课，解决问题】

要求：1. 始终围绕红色研学旅行目标教学；2. 始终分组开展活动；3. 确保全员参加亲自体验；4. 发挥团员、少先队员、班干部先模学生的带头作用；5. 运用恰当的方式方法；6. 研学评价贯穿全程。

专题课程一：向白乙化烈士墓敬献花篮

时间：0.5 小时

地点：白乙化烈士墓

一、敬献花篮

1. 学校代表宣布向白乙化烈士墓敬献花篮仪式正式开始。

2. 唱国歌。播放《义勇军进行曲》，齐唱中华人民共和国国歌。

3. 默哀。国歌唱毕，全场肃立，向白乙化烈士默哀。

4. 献花篮。2 名学生稳稳抬起花篮，缓缓登上台阶，走向白乙化烈士的雕像，摆放

白乙化烈士陵园——段苏权题：民族精英

在雕像前。

5. 瞻仰白乙化烈士雕像，寄托着师生对人民英雄的深切缅怀和崇高敬意。

二、讲解碑文

由陵园讲解员对白乙化烈士墓的碑文进行讲解，然后学生抄写、拍照、背诵。

白乙化烈士陵园为北京市文物保护单位，位于京城东北密云区石城镇河北村。在素有“华北明珠”之称的密云水库北岸，绿树丛中矗立着一座庄严宽大的大理石纪念碑，碑上刻着萧将军手书的8个大字“血沃幽燕 名垂千古”。

白乙化烈士纪念馆内景

专题课程二：参观白乙化烈士纪念馆

时间：1小时

一、参观考察展览厅，聆听讲解员讲解

要求：学生一边聆听讲解员讲解，一边做记录、拍照、素描。各小组组长，检查记录、拍照和素描情况。同学们以小组为单位小声讨论、互相提醒帮助。

负责人：指导师、导游、安全员。

讲解员讲解：纪念馆门前“白乙化烈士纪念馆”8个大字是白乙化生前战友、原北京市市长焦若愚所题。2006年建成了密云地区抗日斗争史展馆，总占地面积1.5亩，建筑面积293平方米，馆高10米，顶部为八路军军帽造型。纪念馆内设四个展区：分别为白乙化烈士生平事迹展区、密云地区抗日斗争史展区、密云地区抗日斗争实物照片展区和中共中央、八路军总部、冀热辽军区主要领导照片及题词展区。

二、影像展厅观看宣传片

1. 集合统一进入影像展厅。

2. 观看白乙化烈士革命教育片，进一步了解白乙化烈士的革命历程，感受共产党领导下的八路军战士英雄无畏的革命精神。

三、分组调查讨论

1. 阅读《白乙化烈士事迹介绍》手册。

2. 分组调查白乙化烈士事迹

方式：纪念馆调查、查看手册、查看官方网站、查阅书籍资料、走访附近老党员。

调查后小组内交流汇报，每人至少能记住并说出 3 个以上英雄事迹。

譬如：白乙化烈士学生时代参加“不买洋货要买国货”的爱国宣传活动；

1932 年组织起“抗日义勇军”，号称“平东洋”，任司令；

1935 年参加“一二·九”爱国运动、1937 年宣布成立“抗日民族先锋队”东进抗日；

1939 年 6 月白乙化指挥抗联将进犯平西的日军大岛大队奥村中队等 300 余人截击于搂儿峪；1940 年 2 月白乙化率十团夜袭平西重镇门头沟，毙伤敌 300 余人，击落敌机一架；

1940 年春白乙化奉命率十团挺进平北，创建丰（宁）、滦（平）、密（云）抗日根据地。

1940 年 12 十团在冯家峪一举消灭了号称“常胜部队”的日军哲田中队 90 余人，取得了反“扫荡”的最后胜利。

3. 参观后的感想交流。

要认真学习白乙化烈士反抗侵略的爱国主义精神，继承白乙化烈士遗志，珍惜现在的美好生活，努力学习，长大后报效祖国。

专题课程三：瞻仰“英雄母亲邓玉芬”雕塑，聆听“英雄母亲邓玉芬”故事

时间：1 小时

方式：考察探究式

方法：讲解法、调查法

负责人：讲解员、指导师、导游、安全员

一、瞻仰“英雄母亲邓玉芬”雕塑

（一）要求：学生一边聆听讲解员讲解，一边做记录、拍照、素描。各小组组长，检查记录、拍照、素描情况。同学们以小组为单位小声讨论、互相提醒帮助。

（二）讲解员讲解雕塑的构成及其寓意：

雕塑由中央美院设计，高 5 米，花岗岩材质，基座为山石，英雄母亲邓玉芬矗立在山岩上。山石、长城体现了英雄母亲坚定的革命信念和永不磨灭的革命精神，山石上的七只和平鸽，象征她的七位亲人以及七烈营（为纪念张家坟村任宗玉等七名党员、村民，丰滦密联合县政府将张家坟中心村命名为“七烈营”）的革命英雄。英雄母亲手握布鞋、针线，眺望着远方，寓意慈母手中线游子身上衣，盼望着亲人和战士们早日胜利归来。广场建成后，很多人来到这里，共同怀念这位英雄母亲，学习她的革命意志，成为北京市和密云区开展爱国主义教育和革命传统教育的重要阵地。

（三）学生用准备好的铅笔和白纸，画和平鸽、画英雄母亲邓玉芬，用手机或者相机拍摄英雄母亲邓玉芬雕塑。

二、聆听讲解员讲解英雄母亲邓玉芬伟大事迹

（一）发放、阅读《英雄母亲邓玉芬事迹介绍》手册

（二）观看广场长廊两边橱窗里展示的英雄母亲邓玉芬的事迹简介，聆听讲解员讲解英

雄母亲邓玉芬伟大事迹。

（三）分组调查、讨论英雄母亲邓玉芬的伟大事迹。

1. 方式：查看长廊两边橱窗、查看手册、查看官方网站、查阅书籍资料、走访附近老党员老村民。

2. 调查后小组内交流汇报，每人至少能记住并说出 3 个以上英雄母亲邓玉芬的事迹。

3. 收集整理英雄母亲邓玉芬的爱国金句。譬如，“我们是中国人，不能对不起老祖宗”“咱家没粮没钱没枪，那就出人吧”“打鬼子的事情可不能含糊”“只有穷苦人都行动起来，拿起枪杆打日本，才能救国救己”……

4. 讨论：（1）习近平总书记是怎样评价英雄母亲邓玉芬的？（2）从英雄母亲邓玉芬身上我们学到了什么？

（四）参观后的感想交流。

要认真学习邓玉芬反抗侵略的爱国精神，传承弘扬红色革命精神，珍惜现在的美好生活，努力学习，长大后报效英雄、报效祖国。

专题课程四：做八路军饭 忆苦思甜

1. 地点：石城镇张家坟村里约定好的村民家中

2. 时间：1.5 小时

3. 负责人：教师、厨师、安全员、卫生员

4. 方式：体验式、劳动教育式

5. 方法：情境体验法、小组合作法

6. 主要内容和流程：

学生分工：一组了解和制作小米饭，二组了解和制作南瓜汤，三组了解和制作凉拌野菜，四组与厨师一起了解和制作红烧肉。

厨师讲解、展示八路军饭的制作过程；学生演练展示，厨师、指导师全程指导；成果展示交流；评价激励；品尝劳动成果，忆苦思甜。

提升环节：学生把做好的第一碗八路军菜、第一碗小米汤端着献给村里的老党员品尝。

全程注意立德树人目标培养，感受八路军战士的艰难，珍惜今天的幸福生活，养成热爱劳动、热爱劳动人民的好习惯。

【研学总结，拓展问题】

一、回顾总结。

以小组为单位总结并谈谈自己在本次活动中的收获和提升情况。

1. 回学校后，学生提交 1000 字的《白乙化烈士纪念馆 · 邓玉芬广场学习体会》。

2. 指导师写出 1000 字的《白乙化烈士纪念馆 · 邓玉芬广场研学旅行总结反思》。

二、运用所学的知识和技能拓展解决学习、生活中的问题

第三步：研学后

【研学评价，反思问题】

一、研学后评价

1. 方式：学生自评、学生互评、专家评价、导师评价、学校评价五部分。

2. 评选出 10 名红色研学旅行小标兵。一等奖 2 名，二等奖 3 名，三等奖 5 名。颁发证书。

二、研学后的服务

送行、归还军服和演讲物品、致欢送词。

三、研学后的反思

教师反思、学生反思，具体略。

研学成果

1. 将个人心得、日志、图片、录像、课件等资料成果进行整理、保存，并交给班长，由班长整理、编辑全班的红色研学旅行成果，收藏或印刷成册。

2. 与你的家人、朋友、同学分享本次红色研学活动之后的心得体会，继承先烈革命遗志，牢记使命，把我党的红色血脉代代相传。

（师资配置、安全措施、研学评价、活动经费、研学反思、安全要求等参考“香山双清别墅、香山革命纪念馆”主题课程。）

邓玉芬广场

课　程

30

平北抗日战争纪念馆

平北，即北平（北京）以北，平承铁路以西，平绥铁路以北的三角地区，包括 15 个县，面积 25000 平方公里。抗日战争期间，是伪蒙疆、伪满洲、伪华北三个伪政权的结合部，是敌后的敌后，自古便是兵家必争之地。平北抗日根据地是在抗日战争进入相持阶段后建立的，斗争异常残酷，在日寇的“杀光、烧光、抢光”之三光政策下，平北军民，同仇敌忾，众志成城，为坚持抗战，争取胜利，付出了重大牺牲。

平北抗日战争纪念馆前矗立着高大的平北抗日战争烈士纪念碑，汉白玉碑身上镶嵌着天然花岗石组成的步枪刺刀造型，寓意平北军民以热血和刺刀铸成铜墙铁壁，保卫平北、保卫边区。纪念馆序言厅由“抗日烽火激荡平北”“浴血奋战夺取胜利”“红旗招展屹立海陀”“红色精神赓续前行”等四部分内容组成；展览厅、摄影厅陈列了平北军民使用的武器、生活用品以及书籍、照片等近 200 件文物，再现了当年抗日军民与敌人英勇战斗的场面。

馆名“平北抗日战争纪念馆”由原冀热察挺进军司令萧克将军题写，目前平北抗日战争纪念馆已是全国爱国主义教育示范基地、北京红色旅游景区。

聂荣臻元帅题词的平北抗日战争烈士纪念碑

平北抗日战争纪念馆内的雕塑

平北抗日战争纪念馆内景

研学资料

红色平北　海坨丰碑

——平北抗日战争纪念馆主题课程方案

课程名称	海坨山精神永在 潮白河万古长流						
研学对象	初中生，30 名					**带队老师**	周老师
研学时间	3 小时	**指导师**	赵老师	**导游**	赵导	**备课人**	高霞
研学地点	延庆区平北抗日战争纪念馆						
研学链接	人教版，八年级上册《历史》；高中必修 1 历史精品《第 16 课：抗日战争》。						
研学目标	通过向烈士纪念碑敬献花圈、重温入团入队誓词、参观纪念馆、讲述红色故事等活动，引导学生熟悉平北抗战历史，了解日本侵略者给中华民族带来的深重灾难，深刻领会到中国共产党领导下的平北军民反抗侵略、抵御外侮的爱国主义精神，引导学生珍惜来之不易的幸福生活，把满腔的爱国热情转化为学习的动力，继承先烈遗志，传承红色基因，爱党爱国，奋力有为。						
研学内容	向烈士纪念碑敬献花圈；重温入团、入队誓词；参观纪念馆；讲红色故事。						
研学重点	重温入团、入队誓词；参观纪念馆；讲红色故事。						
研学难点	如何学习平北人民反抗侵略的爱国主义精神，传承红色基因，为伟大民族复兴做出积极贡献。						
研学方式	考察探究、团队教育活动、纪念馆参观。						
研学方法	讲授法、讨论法、演讲法、训练法。						
研学教具	八路军军服、团旗、少先队队旗、演讲设备及工具。						

研学过程（五个环节）

第一步：研学前

【课前准备，设置问题】

1. 组建研学小组

研学团下设 5 个小组，每小组 6 人。要求人人有岗位，个个有职责。提前让学生自行分工组合。指导师配合班主任或带队老师具体分配任务。

2. 告知课程目标。

3. 布置研学任务。

（1）查找平北抗日战争纪念馆资料；

（2）查找课本中有关抗日战争的内容；

（3）准备好八路军军服；

（4）查找平北抗战中八路军抗击日寇的英雄人物及其英雄事迹，做好演讲比赛；

（5）演讲媒体设备 、图片、展板等。

【导入新课，提出问题】

由学校去往研学基地的大巴上，导游讲解沿途风光；做好课程准备，导入新课；检查研学前任务；让学生分组讨论平北抗日战争纪念馆有关问题。

第二步：研学中

【研学新课，解决问题】

要求：1. 始终围绕红色研学旅行目标教学；2. 始终分组开展活动；3. 确保全员参加亲自体验；4. 发挥团员、少先队员、班干部先模学生的带头作用；5. 运用恰当的方式方法；6. 研学评价贯穿全程。

专题课程一：向平北抗日战争烈士纪念碑敬献花圈

研学时间：1 小时

1. 敬献花圈，讲解碑文。

排队进入纪念碑广场，向平北抗日战争烈士纪念碑敬献花圈，并由讲解员对碑文进行

平北抗日战争纪念馆，馆名由萧克将军题写

讲解。然后学生抄写、拍照、背诵。

2. 团员重温誓词。

全体共青团员和入团积极分子来到平北抗日战争烈士纪念碑前缅怀先烈，表达对先烈革命精神的崇敬之情。纪念碑前，面对团旗，全体团员和入团积极分子宣读入团誓词。

3. 少先队员宣誓。

全体少先队员来到纪念碑前，面对少先队队旗，进行少先队员宣誓活动。

我是中国少年先锋队队员，我在队旗下宣誓：我热爱中国共产党，热爱祖国，热爱人民，好好学习，好好锻炼，准备着：为共产主义事业贡献力量！

专题课程二：参观平北抗日战争纪念馆

时间：1 小时

一、聆听讲解员讲解

学生一边聆听讲解员讲解，一边做记录、拍照、素描。各小组组长，检查记录、拍照、素描情况。同学们互相提醒、帮助。

展厅由“抗日烽火 激荡平北”“浴血奋战 夺取胜利”“红旗招展 屹立海坨”“红色精神 赓续前行”等四部分内容组成。通过参观，同学们再一次走近抗日战争这段中国近代史上最艰辛的日子，深刻了解日本侵略者给平北人民带来的伤害，也再一次被广大人民反抗侵略的爱国主义精神以及抗日先烈们为了共产主义事业舍生忘死的革命精神深深打动。平北军民同仇敌忾，用血肉筑起新的长城，为争取抗战胜利，付出了重大牺牲。其斗争之艰巨，牺牲之惨痛，战斗之伟烈，足以光照千秋！那炽热不息的情感，不屈不挠的面孔，热血沸腾的英魂，一直在历史的字里行间闪闪发光……

二、参观考察展览厅

学生摄影、聆听、以小组为单位小声讨论。

展厅里陈列着 440 余张图片、450 余件文物，都是 1933 年至 1945 年平北军民使用的武器、生活用品以及书籍、照片等物品。望着这些锈迹斑驳的刺刀、枪支、地雷、手榴弹，当年抗日军民那震天的怒吼声又回响在耳边，那与敌人厮杀的场面又浮现于人们的眼前。历史永远不会忘记将生命和热血捐献给这块土地的英雄们：八路军优秀指挥员、十团团长白乙化在战斗中英勇牺牲；中共昌延县委书记徐智甫、丰滦密县长沈爽身陷重围壮烈殉国；八路军连长谢瑞浴血沙场；游击队去卫兴顺面对敌人的铡刀，大义凛然慷慨就义；“当代佘太君”邓玉芬毁家纾难，舍身为国；民兵英雄何金海大摆地雷阵威破敌胆……凡此气壮山河的英雄业绩足以光照千秋。

负责人：指导师、导游、安全员

三、分组调查讨论

1. 分组调查平北抗日战争纪念馆内提到的八路军抗击日寇的英雄人物及其英雄事迹。

然后小组内交流汇报，每人至少能记住并说出6个以上英雄人物。譬如，白乙化、徐智甫、谢瑞、沈爽、卫兴顺、何金海、邓玉芬等。锻炼同学们的口头表达能力。

2. 参观后进行感想交流。同学们纷纷表示要认真学习平北人民反抗侵略的爱国主义精神，铭记历史，不忘初心，珍惜现在的美好生活，努力学习，为伟大民族复兴做出积极贡献。

专题课程三："讲红色故事，传红色精神，做时代红人"演讲比赛

时间：1小时

演讲地点：平北抗日战争纪念馆广场

演讲主题：讲红色故事 、传红色精神、做时代红人

参与对象：研学旅行全体师生

比赛形式：比赛分为初赛、决赛

1. 初赛

（1）初赛由各小组组内评审，选出1个优秀故事进入决赛；

（2）要求故事选自平北抗日战争中的英雄人物及其英雄事迹，教育性强、针对性强、生动形象有感染力。

2. 决赛

（1）初赛晋级的选手进入决赛，决赛为以个人宣讲的形式进行讲解，可借助展板、图画、音乐等设备。

（2）决赛由学生组成评委，评委现场打分，现场亮分，现场统分，依分数高低确定获奖者（去掉一个最高分，去掉一个最低分，取平均分），选出本次演讲比赛的获奖选手，现场公布决赛成绩，并颁发证书和奖品。

3. 比赛要求：

（1）故事内容积极健康向上，符合主题，具有正能量，有教育意义；

（2）表演风格形式不限定，参赛选手需自行准备宣讲材料、设备；

（3）初赛选手下限定在8—15分钟完成，决赛参赛选手限定在7—10分钟内脱稿独立完成，普通话标准、表达流畅、表情丰富、服装得体，也可适当布置道具、配置音乐等；

（4）选手决赛将抽签决定出场顺序。

4. 奖项设置及颁奖

（1）奖项设置：一等奖1名，二等奖2名，三等奖3名，给获奖者颁发相应的证书和奖品。

（2）颁奖

学校代表对本次演讲活动进行精彩总结并宣读获奖名单，获奖选手依次上台领奖并合影留念。一个个感人的故事，就像是一首首赞歌，无不述说着同学们对英雄的怀念和敬仰，

让同学们牢记在心窝。

【研学总结，拓展问题】

1. 回顾总结。以小组为单位总结并谈谈自己在本次活动中的收获和提升情况。

（1）回学校后，学生提交 500 字的《平北抗日战争纪念馆学习体会》。

（2）指导师写出 2000 字的《平北抗日战争纪念馆研学旅行总结报告》。

2. 运用所学的知识和技能拓展解决学习、生活中的问题。

第三步：研学后

【研学评价，反思问题】

1. 研学后评价

（1）方式：学生自评、学生互评、专家评价、导师评价、学校评价五部分。

（2）评选出 10 名红色研学旅行小标兵。一等奖 2 名，二等奖 3 名，三等奖 5 名。颁发证书。

2. 研学后的服务

送行、归还军服、演讲物品、致欢送词。

3. 研学后的反思。教师反思、学生反思，具体略。

研学成果

1. 将个人心得、日志、图片、录像、课件等资料成果进行整理、保存，并交给班长，由班长整理、编辑全班的红色研学旅行成果，收藏或印刷成册。

2. 与你的家人、朋友、同学分享本次红色研学活动之后的心得体会，宣传中国共产党的革命思想，牢记使命。

（师资配置、安全措施、研学评价、活动经费、研学反思、安全要求等参考“香山双清别墅、香山革命纪念馆”主题课程方案。）

纪念馆附近的平北抗日烈士纪念园　耿书慧　摄

课程

31

昌延联合县政府旧址
平北红色第一村纪念馆

昌延联合县政府的办公场所位于延庆区大庄科乡霹破石村。昌延联合政府于 1940 年 1 月 5 日建立，是抗日战争时期平北地区成立的第一个抗日民主政权和重要革命根据地，使平北抗日战争进入了一个新阶段，为平北地区抗日战争的最后胜利做出了重大贡献。

平北红色第一村——沙塘沟村坐落在大庄科乡西北 9 公里处。抗日战争时期，这里是平北抗日根据地的发端之地，也是平北地区第一个抗日联合政府昌延联合县的中心区。1938 年 12 月，平北地区第一个农村党支部在沙塘沟村诞生，发展了 6 名农村党员，中国共产党在这里播下了火种。战争年代，老区人民同日本鬼子进行了艰苦卓绝的斗争，游击队支援前线，妇救会为战士做饭、做军鞋、缝补军装，儿童团站岗放哨，村民团结一心，为抗击日寇，做出了重大贡献。2004 年，平北红色第一村被北京市委宣传部、团市委、首都大学生联合会等五家单位联合命名为“大学生社会实践基地”。2005 年 4 月，县妇联授牌该村为“巾帼红色教育基地”。

平北红色第一村纪念馆　董建利　摄

昌延联合县政府旧址　董建利　摄

研学资料

探寻深山里的红色印迹，争做红色接班人

——昌延联合县政府旧址、平北红色第一村纪念馆研学旅行主题课程方案

设计人	李岑虎　高　霞　温廷军　王剑如　王　彬			学校代表	王校长
研学对象	初中	研学人数	30	带队老师	温老师
总课时	3 小时	研学目的地	延庆区大庄科乡霹破石村、沙塘沟村		
研学目标	通过参观昌延联合县政府旧址、考察平北红色第一村纪念馆、听老支书上党课，了解抗日民主政府的创建过程，感悟革命先辈的英勇事迹。通过重温入团入队誓词，提升学生爱国爱党情怀。通过参观霹破石村、沙塘沟村红色历史古迹，唤起同学们对那些在艰苦卓绝的战争年代无私无畏、献出年轻生命的革命先烈的崇敬之情。提升学生的历史责任担当意识，弘扬中国共产党人和中华民族不屈不挠、奋勇抗敌的革命精神。通过体验制作八路军布鞋、我为老区人民做贡献活动，增强动手能力、劳动能力和团结合作精神。				
研学线路	大庄科乡霹破石村昌延联合县政府旧址、沙塘沟村平北红色第一村纪念馆。				
研学内容	参观昌延联合县政府旧址；听老支书上党课；重温入团入队誓词；探究霹破石村红色历史古迹；品尝革命老区农家饭；我为老区人民做贡献；考察平北红色第一村纪念馆；制作八路军布鞋。				
研学方式	考察探究、职业体验、设计制作、团队活动、劳动教育。				
研学方法	讲解法、实训法、从做中学法、成果展示法、调查访问法、讨论法、小组合作法。				
研学重点	参观昌延联合县政府旧址；听老支书上党课；我为老区人民做贡献；考察平北红色第一村纪念馆；制作八路军布鞋。弘扬中国共产党人和中华民族不屈不挠，奋勇抗敌的革命精神。				
研学难点	如何弘扬中国共产党人和中华民族不屈不挠，奋勇抗敌的革命精神。				

主题课程内容及实施流程

专题课程一：探秘深山里的昌延联合县政府旧址

课程设计：高霞 李岑虎

研学地点：延庆区大庄科乡霹破石村

研学方式：考察探究式、纪念馆参观式、团队活动式

研学方法：讲解法、讨论法、小组合作法。

研学流程：

1. 参观昌延联合县政府旧址

（1）参观

停车场下车集合，排队进入昌延联合县政府旧址参观，聆听导游讲解。学生一边聆听讲解员讲解，一边走、一边听、一边看、一边做记录，在大量图片和史料实物面前驻足观望，详细了解了昌延联合县政府抗日斗争历史和霹破石村村史，并及时拍照、记录。

（2）听老支书上党课

在讲习所，党支部书记结合抗战历史和实际工作现场讲党课，接受红色洗礼，铭记红色历史。

学生听讲、做笔记、带队老师录像，研学后整理。

（3）分组讨论革命先烈丰功伟绩

调查昌延联合县政府带领军民抗击日寇的丰功伟绩，然后小组内交流汇报，每人至少能记住并说出 3 个以上大事件。

2. 重温入团入队誓词，传承红色血脉

（1）团员重温誓词

全体共青团员和入团积极分子来到昌延联合县政府旧址前，面对团旗，全体团员和入团积极分子宣读入团誓词。

昌延联合县委工作人员的旧居　董建利　摄

（2）少先队员重温誓词

全体少先队员来到昌延联合县政府旧址前，面对少先队队旗，进行少先队员宣誓活动。

3. 探究霹破石村红色历史古迹

走在霹破石村，采用记录、绘画、拍照、采访等方法，探究霹破石村红色历史古迹。譬如，消息树、革命标语、墙壁漫画、土房子、老家具、灶台、笤帚、案桌、油灯、挂袋、古井、石磨等等，并说出红色历史文物古迹背后的故事，重忆那段血与火的抗日历史，不忘共产党的初心使命。

各小组组长负责收集整理，上交班长后，整理成册。

4. 参观后的感想交流

专题课程二：品尝革命老区农家饭，我为老区人民做贡献

课程设计：高霞　李岑虎

研学地点：前期约定好的霹破石村村民家里

研学方式：劳动教育式、职业体验式

研学方法：体验法、实训法

服装要求：穿八路军军服

研学流程：

1. 品尝革命老区农家饭

（1）学生在指导师的带领下，听从厨师安排，观摩、协助做菜，体验制作饭菜。

（2）制作饭菜种类

①做红豆米饭；②蒸土豆、红薯；③手工制作玉米面小窝头；④熬制红豆汤；⑤制作抗战老区特色咸菜；⑥豆腐泡炖白菜；⑦水煮玉米；⑧水煮花生；⑨南瓜菜。

（3）学生分工合作进行盛菜、传菜、上菜、布桌。

（4）品尝革命老区农家饭，聆听老区人民的革命故事，学习老区人民的革命精神。

（5）饭后各桌自行收拾餐桌，垃圾和碗筷分类放入筐子里，送入指定垃圾清洁处。

2. 我为老区人民做贡献

（1）饭后休息 30 分钟，前往霹破石村党支部、村委会办公大院，分配为老区人民服务任务。

（2）分组活动：

①打扫村里卫生组；

②为村里路边除草组；

③排查全村安全隐患组；

④团员青年敬老服务组。

3. 汇报总结，分享交流、成果展示

指导师引导，学生自行开展，锻炼合作能力，传承抗战精神。

专题课程三：考察平北红色第一村纪念馆

课程设计：高霞 李岑虎

研学地点：沙塘沟村平北红色第一村纪念馆

研学方法：讲解法、讨论法、小组合作法、调查访问法

研学过程：

1. 参观平北红色第一村纪念馆

停车场下车集合，排队进入平北红色第一村纪念馆参观，聆听导游讲解。学生一边聆听讲解员讲解，一边走、一边听、一边看，一边做记录，在大量图片和史料实物面前驻足观望，详细了解了平北红色第一村军民抗日斗争历史和霹破石村村史，并及时拍照、记录。

2. 分组讨论革命先烈的英勇事迹

（1）调查平北红色第一村军民抗击日寇的丰功伟绩，然后小组内交流汇报，每人至少能记住并说出两件以上大事件。

（2）调查平北红色第一村出现的英雄人物及其英雄事迹，然后小组内交流汇报，每人至少能记住并说出 6 个以上英雄人物。

3. 指导师总结学生思想提升情况

同学们分享自己的思想收获，指导师总结学生思想提升情况。通过此次参观学习活动，大家被平北抗战中可歌可泣的英雄人物和动人事迹所感动，深刻感受到革命先烈和中国共产党人的英雄气概和高尚情操，震撼心灵，洗涤思想。

专题课程四：制作八路军布鞋

课程设计：温廷军 王剑如 王彬

研学地点：沙塘沟村提前联系好的农户家

研学方式：劳动教育式、设计制作式

研学方法：职业体验法、实训法、从做中学法、成果展示法

研学过程：

1. 打糨糊的过程

（1）原料：小麦面粉。

（2）工具：铁锅。

（3）制作过程

①准备适量的小麦面粉、水。

②将水煮沸。

③将准备好的小麦粉和水混合均匀，使其成为较稀薄的混合物，把面调成没有疙瘩的面糊。

④当铁锅中的水沸腾后，一点点倒入面糊，不停地搅拌，使其受热均匀。让沸腾持续两分钟，直到面糊煮熟（如果在冬季，可加适量的食盐）。

⑤将糨糊冷却下来备用。

2. 打袼褙的过程

（1）原料：碎布、糨糊。

（2）工具：平整、无裂缝的干净木板，刷子。

（3）制作过程：

①在木板上铺第一层碎布，在碎布上面涂抹用面粉做成的糨糊；

②接着再把一层层碎布用糨糊粘在一起，直到第五层。

③将粘好的碎布放在通风处晾干，揭下来就成了袼褙。

3. 纳鞋底的过程

（1）原料：鞋样、袼褙、糨糊、线。

（2）工具：针和锥子。

（3）制作过程：

①依鞋样将袼褙裁剪成所需的型号。

②将 3—5 层袼褙缝在一起，制成千层底的鞋底。

4. 鞋帮的制作过程

（1）原料：袼褙、棉布。

（2）工具：针、线、鞋样。

（3）制作过程

①依鞋样将袼褙和棉布裁剪，缝在一起。

②用纫好的针线将鞋帮的边缝好，备用。

5. 上鞋的过程

（1）原料：鞋底、鞋帮、线绳。

（2）工具：锥子、小钉子。

（3）制作过程：

①用钉子将鞋底和鞋帮的前后固定，避免上好的鞋走样。

②从鞋后跟开始用锥子把鞋底和鞋帮穿透，用纫好线绳的针上鞋。

③注意针脚的大小，力争针脚一致，这样做出的军鞋才美观大方。

④用鞋撑子撑一下做好的军鞋，军鞋制作完毕。

6. 制作八路军布鞋的教学要求和提示

（1）制鞋专家老奶奶讲解八路军鞋制作方法，全程展示制鞋过程。

霹破石村中的红色主题雕塑　董建利　摄

（2）学生分组演练制作八路军鞋。

（3）由指导师及安全员全场监护、提醒安全事宜。

（4）评价总结、激励提升。

（师资配置、安全措施、研学评价、活动经费、研学反思、安全要求等参考“香山双清别墅、香山革命纪念馆”主题课程方案。）

研学知识篇

红色研学旅行，是以研学旅行的方式，将中国共产党红色教育内容融入中小学研学旅行中，引导学生走红色之路、探红色之源、访红色之迹、悟红色之情、接红色之棒，是具有深刻丰富内涵的校外教育形式。开发北京市红色研学旅行课程首先要弄清楚研学旅行、红色研学旅行的概念、他们之间的关系，了解开展红色研学旅行的意义和目的，以及开展红色研学旅行的基本原则；然后结合北京市红色研学旅行资源状况，参考带有共性的、具有普遍意义的研学旅行课程设计和实施方法，多方统筹考虑，才能编写出优质的北京市红色研学旅行课程方案，开展好北京市红色研学旅行。

话 题

01

关于红色研学旅行

一、什么是红色研学旅行

（一）首先了解一下什么是研学旅行

2016 年 11 月 30 日，教育部等十一部门联合颁布《关于推进中小学生研学旅行的意见》，指出：中小学生研学旅行是由教育部门和学校有计划地组织安排，通过集体旅行、集中食宿方式开展的研究性学习和旅行体验相结合的校外教育活动，是学校教育和校外教育衔接的创新形式，是教育教学的重要内容，是综合实践育人的有效途径。

对研学旅行概念的理解，需要注意下面几个方面统筹考虑。第一，研学旅行的对象是中小学生，不包含大学生，不包含幼儿园的幼儿，更不包括游客；第二，研学旅行的组织方（主办方）是教育部门和学校，不是旅游部门，不是旅游机构，不是家庭联合体，也不是其他非教育部门和学校；第三，研学旅行采用的方式是班级或学校集体旅行、集中食宿，不是个人或者家庭单独旅行单独食宿，也不是旅行社组织的集体旅行和集体食宿；第四，研学旅行方式是研究性学习和旅行体验相结合，不是单一的旅游讲解或满堂灌教学，突出实践性、体验性；第五，研学旅行是校外教育活动，是学校教育和校外教育衔接的创新形式，是教育教学的重要内容，是综合实践育人的有效途径，性质是教育教学活动，而不是校外旅游活动，也不是校内活动；第六，研学旅行采用集体旅行、集中食宿的方式依托社会资源、研学旅行资源开展活动，不单单是教育部门和学校的工作，需要社会各方，尤其是旅游部门、旅游机构为研学旅行提供服务，研学旅行需要多方参与，共同完成。

（二）谈谈什么是红色研学旅行

红色是中国共产党、中华人民共和国最鲜亮的底色，代表着中国共产党的梦想和追求、情怀和担当、牺牲和奉献。

红色研学旅行是指以中国共产党团结带领中国人民进行百年奋斗的伟大历程中形成的革命圣地、红色旧址、革命历史纪念场所、标志物为载体，以其所承载的革命事迹和革命精神为内涵，组织接待中小学生开展研究性缅怀学习和红色旅行体验相结合的校外教育活动，是实现学习中国共产党革命历史知识、缅怀先烈、接受爱国主义教育和红色革命传统教育的一种校外红色主题教育活动，是教育教学的重要内容，是立德树人、实践育人的有效途径。

红色研学旅行是研学旅行的重要组成部分，其所依托的红色研学旅行资源，主要是指中国共产党成立以来，到今天中国特色社会主义新时代，包括中国共产党创建初期、大革命时期、土地革命时期、红军长征时期、抗日战争时期、解放战争时期、社会主义革命、改革开放和社会主义现代化建设新时代等重要历史时期的革命圣地、红色旧址、革命历史纪念场所、标志物及其所承载的革命事迹和革命精神。它们作为中国共产党留给全国人民宝贵的历史遗产和精神财富，构成了数量丰富、主题鲜明、特色突出的红色研学旅行资源，汇聚成中国共产党的红色血脉。

二、为什么要开展红色研学旅行

开展红色研学旅行，对于加强革命传统教育，增强全国人民特别是青少年的爱党爱国情感，弘扬和培育民族精神，推动全面实施素质教育具有重要的现实意义和深远的历史意义。

（一）有利于加强和促进新时代爱国主义教育。当前我国已进入中国特色社会主义新时代。面对新阶段、新理念、新格局，爱国主义教育方式迫切需要改进和创新。红色研学旅行正是加强爱国主义教育的创新之举，将具有实践背景的红色教育内容，如中国共产党的革命历史、革命传统和革命精神等渗透给中小学生，寓思想道德教育于研学实践之中，可以增强爱国主义教育效果，提高中小学生的思想道德素质，给中小学生以知识的汲取、心灵的震撼、精神的激励和思想的启迪，从而更加坚定地热爱中国共产党，并积极贯彻到实际行动之中。

（二）有利于保护和利用革命历史文化遗产。中国共产党革命历史文化遗产是中华民族宝贵的精神财富，是新时代不可或缺的教育资源。遍布全国各地特别是革命老区的纪念馆、革命遗址、烈士陵园等爱国主义教育基地，是社会主义思想文化的重要阵地。通过发展红色研学旅行，把这些革命历史文化遗产保护好、管理好、利用好，对于建设和巩固新时代中国特色社会主义思想文化阵地，大力发展先进文化，支持健康有益文化，努力改造落后文化，坚决抵制腐朽文化，具有重要而深远的意义。

（三）开展红色研学旅行，通过学生喜闻乐见的形式，将红色历史、红色精神与学生的参观、体验、实践有机融合，有利于将社会主义核心价值观润如细无声地扎根于学生心底，激发学生对中国共产党、对国家、对人民的热爱之情，引导学生从小在心里树立起崇高的红色理想。

（四）开展红色研学旅行，有利于推动全面实施素质教育，创新人才培养模式，引导学生主动适应社会，促进书本知识和生活经验的深度融合，真正做到学以致用，知行合一。

（五）开展红色研学旅行，有利于提高人民生活质量，满足人民追求精神财富的需求，满足学生日益增长的旅游需求，从小培养学生文明旅游意识，养成文明旅游的行为习惯，从而促进国民素质的整体提升。

三、开展红色研学旅行的目标是什么

研学旅行目标是指开展研学旅行活动的方向和预期达成的效果，是一切研学旅行活动的出发点和最终归宿。

开展红色研学旅行的根本目的是立德树人、培养人才。让广大中小学生深刻认识中国共产党为什么能、马克思主义为什么行、中国特色社会主义为什么好。让广大中小学生在研学旅行中感受祖国大好河山，感受中华传统美德，感受革命光荣历史，感受改革开放伟大成就，增强对坚定“四个自信”的理解与认同。同时学会动手动脑，学会生存生活，学会做人做事，促进身心健康、体魄强健、意志坚强，促进形成正确的世界观、人生观、价值观，培养他们成为德智体美劳全面发展的社会主义建设者和接班人。

四、开展红色研学旅行要坚持哪些原则

（一）政治性原则

红色研学旅行资源是中国共产党领导中国人民艰辛而辉煌奋斗历史的见证与成果，是中国共产党最宝贵的精神财富。在此过程中形成的红色血脉是中国共产党政治本色的集中体现，是新时代中国共产党人精神力量的源泉。红色研学旅行必须坚持政治性原则，传承红色教育，赓续红色血脉，以史为鉴、开创未来。

（二）教育性原则

红色研学旅行要结合学生身心特点、接受能力和实际需要，注重红色教育的系统性、知识性、科学性和趣味性，为学生全面发展提供良好的成长空间，教育新时代学生要以实现中华民族伟大复兴为己任，增强做中国人的志气、骨气、底气，不负时代，不负韶华，不负党和人民的殷切期望！

（三）实践性原则

红色研学旅行要因地制宜，呈现地域特色，引导学生走出校园，在革命圣地、红色旧址、革命历史纪念场所、标志物等与日常生活不同的环境中拓宽视野、丰富知识、了解社会、亲近自然、参与体验，感受中国共产党带领中华民族在探索、奋斗、建设时期的艰辛，激励学生守业的决心。

（四）安全性原则

红色研学旅行要坚持安全第一，建立安全保障机制，明确安全保障责任，严格落实安全保障措施，确保学生研学旅行安全。

（五）公益性原则

红色研学旅行不得开展以营利为目的的经营性创收，对中小学生红色研学旅行要实施减免场馆、景区、景点门票政策，对贫困家庭学生要免费参加，并提供优质研学旅行服务。

话　题 02 关于北京市的红色研学旅行资源

根据教育部办公厅《关于开展“全国中小学生研学实践教育基（营）地”推荐工作的通知》（教基厅函〔2018〕45 号）提出的基地推荐条件，各地各行业现有的优质资源单位可分为优秀传统文化、革命传统教育、国情教育、国防科工、自然生态五个主题板块。本书主要阐述革命传统教育板块，重点阐述革命传统教育板块中的中国共产党领导下的北京红色革命传统教育板块。包括中国共产党领导下的北京市的爱国主义教育基地、革命历史类纪念设施遗址等单位，引导学生了解中国共产党的革命历史，增长革命斗争知识，学习中国共产党革命斗争精神，培育新的时代精神。

一、北京市红色研学旅行资源具有哪些特征

北京市红色研学旅行资源主要包括：在中国共产党团结带领全国人民进行百年奋斗的伟大历程中，在北京地区形成的革命圣地、红色旧址、战争遗址、烈士纪念碑、革命遗物、纪念馆、标志物等，以及这些资源所承载的中国共产党人的革命事迹和革命精神。这些红色研学旅行资源，不仅仅是北京人民的革命精神财富，也是全国人民的宝贵历史遗产和精神财富，具有深刻的政治内涵、丰富的精神内涵和深厚的文化内涵。

北京市红色研学旅行资源具有多样性特征，有物质的、精神的和数字化的。物质的，如开国大典时悬挂在天安门城楼上的大红灯笼、毛泽东在开国大典时亲自升起的中华人民共和国第一面国旗、香山革命纪念地、北大红楼红色遗址群等革命旧址、遗迹、文物等；精神的，如五四精神、抗战精神、功勋模范精神、两弹一星精神；数字化的，譬如，中国共产党历史展览馆全新的数字化多媒体展示技术、中华人民共和国开国大典盛况影像、《没有共产党就没有新中国》歌曲，以及其他文献、标语等等。

二、北京市红色研学旅行资源包括哪些类型

北京市红色研学旅行资源按其形态和内涵，我们可以将其分为九个基本类型。

（一）机构类

中国共产党各级重要机构曾经的所在地旧址，如中国共产党北京大学旧址（新文化运动纪念馆）、冀热察挺进军司令部旧址、冀东抗日根据地旧址、平津战役指挥部旧址、承兴密抗日联合县政府旧址、昌延联合县政府旧址等。

（二）故居类

中国共产党的领袖、杰出政治家、军事家、思想家、文学家、革命烈士等杰出人物的故居、纪念堂，以及先进模范集体的形成地。如香山双清别墅、毛主席纪念堂、李大钊故居，以及何孟雄、缪伯英故居等。

（三）发生地类

革命战争或重大事件的发生地。如一二·九运动纪念地、焦庄户地道战遗址、三一八惨案发生地及纪念地等。

（四）陵园类

革命烈士陵园。如马俊烈士墓、李大钊烈士陵园、弘德烈士陵园等。

（五）学校类

为共产党培养过人才的著名学校。如刘和珍的母校——北京女子师范大学旧址，还有北京大学的红楼、北京长辛店劳动补习学校旧址等。

（六）纪念馆类

为纪念与中国共产党有关的事件建立的专题性纪念馆、博物馆、展览馆。如中国人民革命军事博物馆、鲁迅博物馆、宣南文化博物馆英雄足迹展厅、平西情报联络站纪念馆、平西抗日战争纪念馆、中国人民抗日战争纪念馆等。

（七）会址类

中国共产党召开的重要会议会址。如北京政协礼堂、北京人民大会堂。

（八）标志物类

中国共产党领导下建设的具有特定时代背景的标志性建筑。如人民英雄纪念碑、北平和平解放五里桥谈判纪念碑、英雄母亲邓玉芬雕塑主题广场、首钢总公司旧址等。

（九）村庄类

中国共产党领导下的红色模范村。如门头沟的爨底下村、房山的堂上村、平谷的鱼子山村等。

三、开发利用北京市红色研学旅行资源有什么意义

（一）有利于传承红色基因，赓续红色血脉

北京红色研学旅行资源是我们党艰辛而辉煌奋斗历程的见证，是最宝贵的精神财富。红色血脉是中国共产党政治本色的集中体现，是新时代中国共产党人的精神力量源泉。回望过往历程，眺望前方征途，我们必须始终赓续红色血脉，用党的奋斗历程和伟大成就鼓舞斗志、指引方向，用党的光荣传统和优良作风坚定信念、凝聚力量，用党的历史经验和实践创造启迪智慧、砥砺品格，继往开来，开拓前进，把革命先烈流血牺牲打下的红色江山守护好、建设好，努力创造不负革命先辈期望、无愧于历史和人民的新业绩。

（二）有利于以历史为明鉴，生成鲜活教材

北京红色研学旅行资源反映了中国共产党人对远大理想和坚定信念的不懈追求，饱含了共产党人对祖国的浓烈挚爱之情，体现了共产党人高尚的品德和伟大的情操，是引导学生树立正确的世界观、人生观、价值观的鲜活教材。在参观研学的过程中，共产党人伟大革命精神以生动、具体、形象的方式呈现在学生面前，让他们从中国共产党领导人民进行不屈不挠的奋斗历史中汲取丰富的精神养分；从革命英烈的丰功伟绩中感受强烈的精神震撼；从先进典型的感人事迹中获得深刻的精神启迪；从而正确认识祖国的现在，坚信祖国的未来，坚定“四个自信”，以国家利益为重，自强不息，努力奋斗。同时引导学生端正学习态度，利用在校期间的宝贵时间和良好的学习条件打下坚实基础，培养多种能力，为将来走向社会、建设祖国、造福人民，实现伟大民族复兴贡献力量。

（三）有利于丰富教育形式，形成立体氛围

北京红色研学旅行资源的多样性，有利于研学旅行指导师在开展研学旅行活动时能够根据不同资源特点进行选择，以适应不同的研学旅行教育内容和不同年龄层的中小学生。指导师可以选择制作声情并茂的多媒体影像、课件；展示具有视觉冲击力的珍贵文物；演示情景交融的感人细节；模拟激人奋进的历史片断等，从感性与理性、内容与形式、讲授与体验并重的原则出发，将崇高的理想信念、厚重的先进文化、丰富的革命精神和高尚的人格魅力融入研学旅行教育教学实践之中，并体现出直观、生动、形象、感染力强等教育特点，使红色历史转化为研学旅行课程、红色史料转化为研学旅行教材、红色基地现场转化为研学旅行课堂，更好地实现学思用贯通、知信行统一。

（四）有利于创新教育方法，完善教育途径

北京红色研学旅行资源的多样性，使指导师可以坚持和完善课堂讲授式教学，让案例式教学、讨论式教学等与其相互配合，使学生在较短时间内获得较丰富的内容。同时还可以将情景模拟、实物展示、现场体验、社会实践等教学方法结合起来，综合运用语言文字、音乐影像、实物实景等作为教学媒介，突出学生的主体地位，充分发挥学生参与体验和现场感悟的优势，把“看、听、思、悟、行”融为一体，引导学生亲身去感受、主动去思考，使学生多层次、全方位地受到感染和冲击，从而构建出寓教于思、寓教于悟、寓教于行的新型红色研学旅行教育模式。

（五）有利于丰富教育氛围，提升教育效果

北京很多研学旅行资源单位，建筑设计庄重而富有时代感和创新气息，整体

上特别注重营造整体空间庄重、肃穆、壮烈的纪念性氛围，使学生在研学旅行的环境中自然地接受教育，更加突出红色教育主题，让学生在接受红色思想教育的过程中得到美的享受。同时，北京红色研学旅行资源基地采用实物、照片、图表、模型、雕塑、全景画等形式，运用声、光、电等手段，缩短历史与现实的距离，增强吸引力和感染力，取得了良好的育人教育效果。譬如，中国共产党历史展览馆采用全新的数字化多媒体展示技术，最终通过“3D+ 实拍”合成的方式完成全片，精准呈现每一帧画面。成片既真实再现战争之残酷、自然环境之恶劣、生存条件之艰苦，又展现了战士们坚定的理想信念和革命乐观主义精神，将共产党人追求理想、不畏艰险、勇往直前、浴血奋战的场景逼真再现，让观众以“参与者”身份融入其中，体验感更深刻。

（六）有利于助力“首善”标准，引领红色教育

北京是全国红色革命的中心，是中国共产党的孕育地、红色文化的重要发祥地之一。北京的红色研学旅行资源不仅见证了建党前后中国马克思主义的传播，而且见证了新民主主义革命时期、社会主义革命时期、社会主义建设时期、改革开放时期中国共产党发展历程中一系列重大事件。北京市红色研学旅行资源作为一种承载了我们党波澜壮阔的革命史、艰苦卓绝的奋斗史、可歌可泣的英雄史的重要资源，蕴含了中国共产党人的崇高理想和坚定信念，展现了革命先辈的高尚品德，继承了中国共产党的优良传统和爱国主义精神，体现了中国共产党带领全国人民捍卫民族独立、国家尊严的责任感和使命感，构成新时代中国特色社会主义核心价值体系的重要内容，是我国开展中小学世界观、人生观和价值观教育的鲜活教材。北京这些富有时代感和创新气息的研学旅行资源，吸引了一批批有才华、有志向的，来自全国各地的中小学生开展研学旅行，把北京的红色研学旅行资源延伸到全国各地，把北京的红色研学旅行模式推广到全国各地，引领全国的中小学研学旅行，从而有效促进全国红色研学、红色教育的推进与普及。

四、北京市红色研学旅行资源应该如何正确地开发和利用

在开发利用北京红色研学旅行资源时，应努力挖掘红色研学旅行基地和红色研学旅行精品线路的革命历史文化遗产，努力挖掘红色研学旅行资源的历史文化内涵，努力挖掘红色研学旅行资源中蕴含的教育资源，用现代手段和先进教学方法体现它们的珍贵价值，表现它们的重要意义，形成红色教育表现主题。

在开发设计北京红色研学旅行课程时，可以依托北京红色研学旅行基地教育资源，选择具有良好示范带动作用的红色研学旅行基地，开发一批育人效果突出

的红色研学旅行活动课程，打造具有影响力的红色研学旅行精品线路，探索形成中小学生广泛参与、活动品质持续提升、红色文化氛围健康向上的红色研学旅行发展体系。

话　题

03

红色研学旅行的课程如何设计

一、红色研学旅行课程设计应坚持哪些原则

（一）思想引领原则

红色研学旅行是新时代中国共产党对教育的新要求，是我党中国特色社会主义教育制度的重要内容，它具有鲜明的政治性和思想性。红色研学旅行课程设计必须始终赓续红色血脉，用党的奋斗历程和伟大成就鼓舞中小学生的革命斗志、指引中小学生前进的方向，用党的光荣传统和优良作风坚定中小学生的理想信念，激发广大中小学生对党的热爱。

思想引领原则要求在进行课程设计时，要注意做到：

第一，要坚持政治性、思想性、艺术性相统一，用史实说话，生动传播红色文化。

第二，要强化教育功能，讲好党的故事、革命的故事、英雄的故事，设计符合青少年认知特点的研学旅行课程。

第三，要做到每一堂课，都要让学生的心灵受到震撼，精神受到洗礼，引导他们从小在心里树立红色理想。

（二）实际体验原则

中小学红色研学旅行是学校理论教育与校外红色实践教育相结合的教育教学形式，红色研学旅行具有显著的实践性、探索性，学生需要在校外红色研学旅行的实践中发现想要研究的问题，进而去体验、解决问题。

实际体验原则要求在进行课程设计时，注意以下两点：

第一，要确保设计方案的可操作性，再整体围绕学生感兴趣的具体问题或红色研学主题展开内容设计。设计以任务目标为导向，要求学生亲自动手、动脑、参与体验，体会我党峥嵘岁月，怀着崇敬之心去，带着体验感悟回。

第二，秉承实际体验原则，研学旅行课程在设计上要因地制宜，依托不同的红色研学旅行环境，通过“行、旅、学、研、思”等环节的整合设计，让学生在体验、体悟、体认中做到旅中有学，学中有研，研后有思的深度学习模式。在红色研学旅行的实际体验中，培养学生创新精神和实践能力，提高学生爱党爱国情怀。

（三）情境创设原则

红色研学旅行总是与一定的红色文化背景，即“红色情境”相联系，总是在实际的红色情境下进行学习，因此，创设真实的红色研学旅行情境成为课程设计的首要任务。要遵循这一原则，必须注意以下几个问题：

第一，研学旅行指导师要在红色研学旅行基地中设置对学生来说是真实存在且又与研学旅行活动相关的问题。

第二，指导师要切实激发学生对红色研学旅行的参与积极性，创设革命事件的历史情境，引导学生穿越时空，回到战火纷飞的年代，重温那一段峥嵘岁月，回顾党一路走过的艰难历程，让学生情深体验，感同身受。

第三，可采用角色扮演的方式，引导学生充分做好历史背景知识的学习，让他们进行角色扮演，模拟在真实问题情境下的各种角色的行为，感受中国共产党艰辛而辉煌的奋斗历程，激发学生的梦想和追求、情怀和担当、牺牲和奉献。

（四）学生为本原则

红色研学旅行课程设计要以学生为本，充分发挥学生的主体作用，激发学生的创新意识，培养学生的创造精神。

第一，关注学生在红色研学旅行过程中的体验和感悟，引导学生了解中国共产党艰辛而辉煌奋斗历程，增强他们责任感、成就感、荣誉感、幸福感。

第二，鼓励学生以革命先烈在百年奋斗中形成的丰富经验、伟大精神滋养自己、激励自己，以昂扬的精神状态致力于学习和实践之中。

第三，红色研学旅行的课程要强调学生身心参与，注重手脑并用。把握红色研学旅行的根本特征，让学生亲历红色研学旅行过程，认真观察思考，注重运用所学知识解决实际问题，提高自己的综合能力和思想觉悟。

第四，坚持适当适度。要根据学生年龄特征、性别差异、心理需求、身体状况等特点，选择合适的红色研学旅行项目和内容，安排适度的研学时间和强度，做好安全保护，确保学生人身安全。

二、红色研学旅行主题课程方案如何设计

（一）什么是主题课程方案

研学旅行课程方案包括主题课程方案和专题课程方案。

红色研学旅行主题课程方案是研学旅行指导师根据红色研学旅行活动所用的红色研学旅行资源单位教材、学校教科书和学校教学总要求，结合学生具体情况，按照红色研学旅行目标来编制的整体研学旅行进度计划。类似于研学旅行实践上的“一日红色研学行程单”“三日红色研学旅行线路行程”，也类似旅游中的“北京红色四日游行程单”“二日游红色旅游线路”和中小学教师的“学期教学进度计划”以及“课题（单元）计划”。简言之，红色研学旅行主题课程是指导师对某次研学旅行教学的总体规划与准备，是研学旅行活动的前提和依据。

（二）主题课程方案的要素

红色研学旅行主题课程方案和其他常规的研学旅行主题课程方案一样，主要包括以下要素：主题课程名称、学校班级、研学旅行课程方案设计人、研学旅行项目组长、总课时、研学旅行具体项目负责人、研学旅行目的地、研学旅行课程总目标、研学旅行内容及实施流程、活动经费说明、师资配置情况、研学旅行方式、研学旅行方法、安全管理制度及防控措施、研学评价、研学反思等。红色研学旅行主题课程方案与其他常规的研学旅行主题课程方案要素略有不同的是：

1. 课程名称

要做到课程名称意义准确、突出红色主题、突出思想性、规范简洁、富有思想教育气息。

2. 研学方式

红色研学旅行主要的研学方式有：博物馆参观、党团队教育活动、考察探究、设计制作、职业体验、劳动教育等。

3. 研学方法

红色研学旅行主要的研学方法有：讲授法、参观法、小组合作法、讨论法、多媒体教学法、训练与实践法等。

4. 研学总目标

红色研学旅行总目标是立德树人、为党培养人才，传承红色基因，赓续红色血脉。

5. 研学内容

红色研学旅行的内容都是与中国共产党有关的革命圣地、红色旧址、革命历史纪念场所、标志物所承载的革命故事、英雄故事、英雄事迹、革命精神，这些也都是中国共产党最宝贵的精神财富。

（三）主题课程方案的设计格式

红色研学旅行主题课程方案设计的格式同常规的研学旅行主题课程方案设计的格式一样，可分为条目式和表格式两种形式。

1. 条目式

红色研学旅行主题课程方案（条目式）

【课程名称】　　【学校班级】

【设计人】　　【设计时间】

【项目组长】　　【指导师】

【学校代表】　　【带队老师】

【导游】　　【项目专家】

【总课时】

【课程总目标】

【研学目的地】　　【师资配置】

【研学内容及流程】

【研学方式】

【研学方法】

【安全管理】

【研学评价】

【研学反思】

【经费说明】

2. 表格式

红色研学旅行主题课程方案（表格式）

<table>
<tr><td>项目组长</td><td colspan="2"></td><td>执行人</td><td></td><td>学校代表</td><td></td><td>联系方式</td><td></td></tr>
<tr><td>学校班级</td><td colspan="2"></td><td>研学人数</td><td></td><td>带队老师</td><td></td><td>联系方式</td><td></td></tr>
<tr><td>总课时</td><td colspan="2"></td><td>研学目的地</td><td colspan="5"></td></tr>
<tr><td>课程总目标</td><td colspan="8"></td></tr>
<tr><td>天数</td><td>节次</td><td>时间</td><td colspan="3">课程内容及流程</td><td>方式方法</td><td>项目专家</td><td>负责人</td></tr>
<tr><td rowspan="3">第一天</td><td>1</td><td></td><td colspan="3"></td><td></td><td></td><td></td></tr>
<tr><td>2</td><td></td><td colspan="3"></td><td></td><td></td><td></td></tr>
<tr><td>3</td><td></td><td colspan="3"></td><td></td><td></td><td></td></tr>
<tr><td rowspan="4"></td><td>4</td><td></td><td colspan="3"></td><td></td><td></td><td></td></tr>
<tr><td>5</td><td></td><td colspan="3"></td><td></td><td></td><td></td></tr>
<tr><td>6</td><td></td><td colspan="3"></td><td></td><td></td><td></td></tr>
<tr><td>7</td><td></td><td colspan="3"></td><td></td><td></td><td></td></tr>
<tr><td rowspan="7">第二天</td><td>1</td><td></td><td colspan="3"></td><td></td><td></td><td></td></tr>
<tr><td>2</td><td></td><td colspan="3"></td><td></td><td></td><td></td></tr>
<tr><td>3</td><td></td><td colspan="3"></td><td></td><td></td><td></td></tr>
<tr><td>4</td><td></td><td colspan="3"></td><td></td><td></td><td></td></tr>
<tr><td>5</td><td></td><td colspan="3"></td><td></td><td></td><td></td></tr>
<tr><td>6</td><td></td><td colspan="3"></td><td></td><td></td><td></td></tr>
<tr><td>7</td><td></td><td colspan="3"></td><td></td><td></td><td></td></tr>
<tr><td>师资配置</td><td colspan="8"></td></tr>
<tr><td>安全措施</td><td colspan="8"></td></tr>
<tr><td>研学评价</td><td colspan="8"></td></tr>
<tr><td>活动经费</td><td colspan="8"></td></tr>
<tr><td>研学反思</td><td colspan="8"></td></tr>
<tr><td>备注</td><td colspan="8"></td></tr>
</table>

3. 格式说明

研学旅行课程方案的设计是一种创造性劳动，不同的指导师有着不同的设计风格，实践中也不可能要求每一个不同的指导师按同一个格式来设计课程，需要每位指导师发挥自己的聪明才智，做出创造性的红色研学旅行主题方案设计。但是无论哪种格式或模板，研学旅行主题课程内容中的基本要素都是不能忽视的。

三、红色研学旅行专题课程方案如何设计

（一）专题课程方案的含义

红色研学旅行专题课程是指在实施红色研学旅行教育教学的过程中，为达到某一专门教学目的或解决某一专门问题而对学生进行的教育课程。如党旗的制作、八路军布鞋技术、我是小小发报员体验、红军饭制作、我是“二七”大罢工宣传员等红色研学旅行专题。

红色研学旅行专题课程方案是对红色研学旅行专题课程目标、红色研学内容、研学方式的规划和设计，是研学计划、研学教材等诸多方面实施过程的总和。类似于中小学教师的课时计划（教案）。

（二）专题课程方案的要素

红色研学旅行专题课程方案和其他常规的研学旅行专题课程方案一样，主要包含以下基本要素：课程名称、学校班级、带队老师、设计人、指导师、导游、专题课时、研学目的地、课程目标、研学背景、研学链接、研学内容、研学重点、研学难点、研学教具、研学方法、研学方式、研学过程、研学评价、研学反思等。红色研学旅行专题课程方案与其他常规的研学旅行专题课程方案要素略有不同的是：

1. 课程目标

红色研学旅行课程的总目标是立德树人、为党培养人才，传承红色基因，赓续红色血脉。专题课程目标要注重培养核心素养目标和强化政治思想品德目标。下面几种研学旅行目标编写方式供参考。

（1）综合实践目标

《中小学综合实践活动课程指导纲要》指出，中小学综合实践活动课程的总目标包括价值体认、责任担当、问题解决、创意物化等四个方面的意识和能力，它是由核心素养目标演变而来的综合实践目标。鉴于红色研学旅行课程和综合实践活动课程存在许许多多的共同点，我们认为在红色研学旅行课程目标的设计上，要与学校综合实践活动课程的综合实践目标统筹考虑，红色研学旅行专题课程目标完全可以

包括价值体认、责任担当、问题解决、创意物化等四个方面。

课程目标	价值体认	
	责任担当	
	问题解决	
	创意物化	

表格中的具体内容，根据学生学段层级差别，可以直接套用或改编《中小学综合实践活动课程指导纲要》中的学段目标，并注入红色教育的目标元素。

（2）核心素养目标

我国学生核心素养以培养“全面发展的人”为核心，其框架由文化基础、自主发展、社会参与三个方面构成，综合表现为人文底蕴、科学精神、学会学习、健康生活、责任担当、实践创新 6 大素养，具体细化为人文积淀、人文情怀、审美情趣、理性思维、批判质疑、勇于探究、乐学善学、勤于反思、信息意识、珍爱生命、健全人格、自我管理、社会责任、国家认同、国际理解、劳动意识、问题解决、技术应用等 18 个基本要点。我们在设计研学旅行课程目标时可结合这 18 个基本要点，再参考中小学各自学科目标，并注入红色教育目标元素。

（3）劳动教育目标

在红色研学旅行中，如果出现劳动教育内容的，要参考中共中央 国务院《关于全面加强新时代大中小学劳动教育的意见》、教育部《大中小学劳动教育指导纲要（试行）》中指出的劳动教育的总体目标，深入挖掘中国共产党、中国人民在红色革命、建设中的劳动精神，准确把握社会主义建设者和接班人的劳动精神面貌、劳动价值取向和劳动技能水平的培养要求，全面提高学生劳动素养，使学生树立正确的劳动观念、具有必备的劳动能力、培育积极的劳动精神、养成良好的劳动习惯和品质。

劳动教育目标	劳动观念	
	劳动能力	
	劳动精神	
	劳动习惯和品质	

表格中的具体内容，根据学生学段层级差别，可以参照《大中小学劳动教育指导纲要（试行）》中的教育目标和学段要求来编写。凡是劳动教育课程均可参照

此目标直接编写，提醒注意，红色劳动教育目标要注入红色教育目标元素。

2. 研学背景

红色研学旅行背景是指红色研学旅行资源单位的政治背景、红色文化背景、食住行背景等。我们在编写红色研学旅行专题课程方案时，要把红色研学旅行资源单位的这些背景一一介绍出来。

3. 研学链接

研学链接是指红色研学旅行专题课程内容和中小学现行课程教材中相关联的地方，在研学旅行实践中俗称“研学链接”。

红色研学旅行专题课程方案要素中的研学内容、研学方法、研学方式也都略有不同，在前面主题课程部分已经讲过，此处不再一一赘述。

（三）专题课程方案设计格式

红色研学旅行专题课程方案设计的格式同常规的研学旅行专题课程方案设计的格式一样，包括文字式和表格式两种形式。

1. 文字式

红色研学旅行专题课程方案（文字式）

【课程名称】　　【设计时间】

【设计人】　　【指导师】

【学校班级】　　【学校代表】

【带队老师】　　【导游】

【专题课时】　　【研学地点】

【课程目标】　　【研学背景】

【研学内容】　　【研学链接】

【研学重点】　　【研学难点】

【研学方式】　　【研学方法】

【研学工具】

【研学过程】

第一步：研学旅行前

【研学准备，设置问题】

第二步：研学旅行中

【研学导入，提出问题】

【研学新课，解决问题】

【研学总结，拓展问题】

第三步：研学旅行后

【研学评价，反思问题】

2. 表格式

红色研学旅行专题课程方案（表格式）

<table>
<tr><td>专题课程</td><td colspan="3"></td><td>研学地点</td><td colspan="3"></td></tr>
<tr><td>学校班级</td><td colspan="3"></td><td>校方代表</td><td></td><td>带队老师</td><td></td></tr>
<tr><td>设计人</td><td></td><td>指导师</td><td></td><td>导游</td><td></td><td>专题课时</td><td></td></tr>
<tr><td rowspan="4">课程目标</td><td>价值体认</td><td colspan="6"></td></tr>
<tr><td>责任担当</td><td colspan="6"></td></tr>
<tr><td>问题解决</td><td colspan="6"></td></tr>
<tr><td>创意物化</td><td colspan="6"></td></tr>
<tr><td>研学背景</td><td colspan="7"></td></tr>
<tr><td>研学链接</td><td colspan="7"></td></tr>
<tr><td>研学内容</td><td colspan="7"></td></tr>
<tr><td>研学重点</td><td colspan="7"></td></tr>
<tr><td>研学难点</td><td colspan="7"></td></tr>
<tr><td>研学方式</td><td colspan="7">考察探究 □、社会服务 □、设计制作 □、职业体验 □、团队教育活动 □、博物馆参观 □、劳动教育 □</td></tr>
<tr><td>研学方法</td><td colspan="7">课堂讲授法 □、问题探究法 □、训练与实践法 □、现代信息技术 □、小组合作 □、讨论法 □、参观法 □</td></tr>
<tr><td>教具准备</td><td colspan="7"></td></tr>
<tr><td colspan="8">研学旅行过程</td></tr>
<tr><td>研学前</td><td colspan="7">［研学准备，设置问题］</td></tr>
<tr><td rowspan="3">研学中</td><td colspan="7">［研学导入，提出问题］</td></tr>
<tr><td colspan="7">［研学新课，解决问题］</td></tr>
<tr><td colspan="7">［研学总结，拓展问题］</td></tr>
<tr><td>研学后</td><td colspan="7">［研学评价，反思问题］</td></tr>
<tr><td>研学成果</td><td colspan="7"></td></tr>
</table>

3. 格式说明

红色研学旅行专题课程方案是红色研学旅行的教学预案，不可能穷尽一切教学要素和环节，有的研学旅行课程方案则需要指导师随着研学旅行过程的实施，不断地进行调整和修订，而不是简单机械地模仿和复制。只有本着政治化、教育化、实践化、生活化的原则，创造性地自主开发、自主设计，才能不断丰富红色研学旅行专题课程内容。

话题 04

红色研学旅行的教学过程如何实施

开展红色研学旅行教学活动，首先要掌握红色研学旅行常用的教学方式和教学方法。

一、红色研学旅行的教学方式和方法简谈

（一）红色研学旅行教学方式

1. 党团队教育活动

党团队教育活动是指由中国共产党、中国共青团、中国少先队组织机构开展的影响学生身心发展的各种有主题、有目的性的教育活动，如红领巾爱心义卖行动、党旗下的演讲比赛等。它注重对学生的政治思想品德教育，培养学生爱国、爱党、爱团、爱少先队组织的理想信念，具有高尚的爱国情操。

党团队教育活动的主要流程包括：明确活动目的；制订活动计划；开展教育活动；活动成果展示；反思与改进。

2. 博物馆参观

博物馆参观是指学生在指导师的指导下，对博物馆、纪念馆等进行参观、考察、探究，如军事博物馆参观、烈士纪念馆参观、党支部纪念馆参观等。它注重学生的亲历感悟、实践体验、行动反思，形成理性思维，通过对博物馆的红色文化展示及革命文物陈列，使学生了解人类文明、民族历史积淀，获得崇拜感和自豪感，拓展个人视野，培养学生自主探索和创新精神。

博物馆参观的主要流程包括：明确参观红色主题目标；选择红色博物馆；参观并聆听讲解；体验探究；参观后的任务实施、实践体验；开展小组交流，分享参观感受；成果交流、知识拓展；回顾反思与总结。

3. 考察探究

考察探究是学生基于自身兴趣，在指导师的指导下，从红色研学旅行资源中选择和确定研究红色主题，开展研究性学习，在观察、记录和思考中，主动获取知识，分析并解决问题的过程，如八路军兵工厂考察、一二·九运动调查、第一个党支部成立的经过调查等。注重运用红色基地实地观察、访谈、实验等方法，获取材料，形成理性思维、批判质疑和勇于探究的精神。

考察探究的主要流程包括：明确红色研学旅行目标；发现并提出问题；提出假设，选择方法，研制工具；获取证据；提出解释或观念；交流、评价探究成果；反思和改进。

4. 社会服务

社会服务指学生在指导师的指导下，向革命先烈和优秀的共产党人学习，走向社会，参与社会活动，以自己的劳动和服务满足社会组织或他人需要，如公益活动、志愿服务、抗洪救灾、野外生存救护等。它强调学生在满足被服务者需要的过程中，获得自身发展，促进相关知识技能的学习，提升实践能力，成为敢于担当、无私奉献的人。

社会服务的主要流程包括：明确红色研学旅行目标；明确服务对象与需要；制订服务活动计划；开展服务行动；反思服务经历；分享活动经验。

5. 设计制作

设计制作指学生向先模人物学习，运用各种工具、工艺（包括信息技术）进行设计，并动手操作，将自己的创意、方案付诸现实，转化为物品或作品的过程，如八路军军装制作、标枪制作、军事地图绘制等，它注重提高学生的技术意识、工程思维、动手操作能力，以及团队协同能力等。在课程实施过程中，鼓励学生手脑并用，灵活掌握、融会贯通各类知识和技巧，提高学生的技术操作水平、知识迁移水平，体验工匠精神和共产党人的革命精神等。

设计制作的主要流程包括：明确红色研学旅行目标；创意设计；选择活动材料或工具；动手制作；交流展示物品或作品，反思与改进。

6. 劳动教育

红色劳动教育是发挥劳动育人功能，在红色研学旅行基地对学生进行热爱劳动、热爱中国共产党，热爱劳动人民、珍惜劳动成果的教育活动，利用红色研学旅行资源，让学生动手实践、出力流汗，接受锻炼、磨炼意志，培养学生正确劳动价值观、良好劳动品质，加深对共产党艰苦奋斗的理解，珍惜来之不易的幸福生活。

劳动教育的主要流程包括：明确红色劳动教育目标；选择活动材料或工具；劳动技术和流程讲解、说明、示范；淬炼操作，让学生动手参与劳动；项目实践；反思交流；榜样激励；最后是劳动教育评价。

（二）红色研学旅行教学方法

红色研学旅行教学方法是指导师和学生为了实现共同的研学旅行目标，完成共同的研学旅行任务，在研学旅行活动中采用的、适合红色研学旅行资源的教学方式、途径和手段的总称。

1. 直接讲授法

直接讲授法，也叫讲授法，是施教者（老师、指导师、红色讲解员）通过语言系统地向学生描绘革命情境、叙述事实、解释概念、论证原理和阐明规律的一种教学方法。这是博物馆、纪念馆常用的教学方法。

直接讲授法的程序：课前准备；导入新课；开展新课；总结回顾；布置作业；评价反馈。

2. 小组合作法

小组合作法是指学生在研学旅行中为了完成共同的任务，组成各种合作小组，有明确责任分工的互助性学习。小组合作法要求学生要全员参加、学生要主动参与、学生要人人有岗位。

小组合作法流程：

（1）首先引导学生选择、确定红色研学主题，制定活动方案（活动目标、活动准备、过程设计）。

（2）按照小组制订的计划开展活动，随时做好活动记录。

（3）活动告一段落时，要及时总结活动的体验，准备小组交流的材料。

（4）在做活动总结时，尽量通过多种形式展示研究成果。

（5）活动结束之后，要求每一位学生都要进行红色研学旅行的反思，对取得的成绩、存在的问题及得到的经验和教训等方面的情况进行评价与描述，以激发学生内心深层次的触动和感受，加深对中国共产党的认同和敬仰。

3. 参观访问法

参观访问法是指研学指导师通过有计划、有组织地安排学生到红色研学旅行基地参观访问，使学生得到启发、巩固所学的知识、技能，提高思想觉悟的一种教学方法。

参观访问法流程：

（1）要明确自己所要参访的对象及参观范围。

（2）联系参观的红色研学旅行基地及有关人员。

（3）根据参观访问主题查阅参观访问对象的相关资料。

（4）指导师可协同组织并设计参观访问的路线及人员。

（5）选择并设计指定参观访问的内容。

（6）要求学生带好记录工具，做好记录。

（7）指导师以例证方式进行具体指导，如在描写参观对象时，要写清方位、布局、形状、色彩、构造、特色、功能等，能用数字说明的尽量用数字说明；注意所写内容的科学性、知识性和趣味性；用词要求准确、形象。

（8）参观行程结束后，进行简短的讨论总结，查看是否到达预期目的。

4. 成果展示法

成果展示法就是学生把自己或小组在红色研学旅行活动中的收获汇集、整理成各种形式的成果（作品），并通过多种方式在班级、年级或学校进行交流、展示和评价。

成果展示的内容就是学生围绕红色研学目标进行主题探究活动的过程和结果，如学生进行调查研究、走访、统计、收集与整理资料、动手制作、动脑创意等活动过程的记录与分析结果。有成型的成果，如小论文、调查报告、汇报演讲稿、手工作品、自编报刊、图形设计、方案设计，也有在活动过程中产生的初级成果，如观察记录、调查记录、资料摘抄、收集的资料等。

5. 情境体验法

情境体验教学法是指指导师、讲解员在红色研学旅行教学过程中，有目的地引入或创设具有一定情绪色彩的、以形象为主体的生动具体的红色场景，以引起学生一定的态度体验，从而帮助学生理解红色研学旅行内容，并使学生的心理机能得到全面发展的教学方法。情境体验教学法的核心在于激发学生爱党爱国的革命情感。

情境体验教学法的流程包括：带入情境；演示情境；再现情境；渲染情境；表演情境；描述情境；反思情境；提升情境。例如，学生通过开展五四爱国运动情景剧表演，通过参与系列过程，最后反思自己在学习中、生活中的不足之处，联系自己生活和学习实际，努力提高自己为人民服务的本领，肩负起中华民族伟大复兴使命。

6. 角色扮演法

角色扮演法，是指研学旅行指导师、讲解员在红色研学旅行教学中，通过红色研学旅行情景模拟，要求学生扮演指定行为角色，并对学生行为表现进行评定和反馈，以此来帮助学生提升自身综合素养、提高个人行为技能、提高政治思想觉悟的一种教学方法。

角色扮演方法的教学程序包括：选择红色剧情；布置红色场景；选择小组；分配任务；选拔红色演员；组织观众；开展红色表演；回顾讨论；活动评价。

7. 讨论法

讨论研学法是指在研学旅行指导师指导下，对红色研学旅行教学内容和问题，通过全班或小组讨论，发表看法，进行辩论，得结论，从而获得知识、提升觉悟的一种教学方法。

在红色研学旅行过程中，运用讨论法可以使学生互相启发，集思广益，取长补短，有助于对我党革命知识的深入探讨，还可以活跃学生思想，充分发挥研学旅行的主动性、积极性，培养他们的独立思考能力、口头表达能力、合作协同能力和综合分析问题的能力，加深对中国共产党的理解和热爱。

运用讨论法的教学程序是：提供资料、启发思路、得出结论。

（1）设计问题，做好准备。讨论之前，指导师应向学生说明讨论的问题和要求，提出注意事项，布置查阅、记录研学旅行中应该讨论的材料。

（2）组织讨论，启发思路。以研学旅行小组为单位，要把每个学生组织到讨论中来。讨论时，要学生围绕红色研学旅行主题，发表意见，使讨论逐步深入。特别要鼓励那些平时不爱发言的学生大胆发表自己的看法，指导师要启发学生的讨论思路，引导学生正确开展讨论教学。

（3）讨论总结，点评反思。讨论结束，指导师对讨论的内容要做出简要总结小结，要紧密联系课题的内容，正确概括出问题的答案。对疑难问题，要给予明确结论。同时指出讨论过程中的优点和缺点，引导学生积极反思，找出差距，提升自己的思想觉悟。

二、红色研学旅行教学过程有哪些环节

红色研学旅行的教学过程是红色研学旅行专题课的实施过程，是指研学旅行指导师在红色研学旅行活动中授课或学生接受指导师、讲解员授课，学生获得知识、增强技能、提高觉悟、培养素养的过程。红色研学旅行专题课程的实施过程是整个红色研学旅行工作的中心环节，也是提高红色研学旅行质量的关键。

红色研学旅行的教学过程和其他常规研学旅行教学过程一样，专题课程实施方案按照实施时间的顺序可分为：研学旅行前、研学旅行中和研学旅行后三个基本步骤。按照实施步骤和任务，这三个基本步骤可划分为五个基本环节，即研学准备，设置问题；研学导入，提出问题；研学新课，解决问题；研学总结，拓展问题；研学评价，反思问题。这就是研学旅行专题课的结构。在实践中，我们把这“三个步骤五个环节”的研学旅行教学方法称为“三步五环教学法”。

研学旅行三步五环教学法

步骤	研学段	环节	环节名称	具体内容
第一步	研学前	第一环	研学准备，设置问题	略
第二步	研学中	第二环	研学导入，提出问题	略
		第三环	研学新课，解决问题	略
		第四环	研学总结，拓展问题	略
第三步	研学后	第五环	研学评价，反思问题	略

（一）研学准备，设置问题

在红色研学旅行的教学活动开始前，有经验的研学旅行指导师就把有关的研学旅行问题，提前让学生准备，以避免因没有掌握好或没准备好而带来的学习障碍，为顺利开展红色研学旅行教学创造条件，这就是所谓的研学旅行前的准备，简称研学准备。

研学准备环节包括：组建研学旅行小组、告知课程目标、布置研学任务、做好研学事务准备。

（二）研学导入，提出问题

“研学导入，提出问题”是三步五环教学法的第二环节，这一环节的主要内容有：组织教学、检查研学前任务、分组讨论。

组织教学是指指导师通过对学生情绪状态的调剂和纪律的维护，使学生能跟

随指导师的研学步骤，有效地实现预定红色研学旅行课程目标的过程。组织教学的目的是引导学生对参与红色研学旅行教学过程做好心理上和物质上的准备，吸引学生的注意并创设一种良好的研学情境或气氛。它不仅是研学授课前的特定阶段，也贯穿于整个教学活动中。

“研学导入，提出问题”这个环节，开展地点可以在学校，可以在前往红色研学旅行基地的交通工具上，也可以在基地。

（三）研学新课，解决问题

通俗地讲就是研究学习新的研学旅行课程，解决研学旅行教学目标所涉及的研学内容和问题。这是“三步五环研学法”的第三环节，是专题课程教学的主要部分，也是整个红色研学旅行课程教学的中心环节。这一环节的主要内容有：传授革命历史知识和技能、演练革命历史知识和技能、塑造学生红色思想品德和精神，树立崇高理想和坚定信念。

在引导学生学习红色研学旅行新内容时，指导师的关键作用在于组织合理的学习活动，调动学生的学习积极性，引导学生的思路并启发他们的思维，使学生处于积极活动状态。

（四）研学总结，拓展问题

“研学总结，拓展问题”是三步五环研学法的第四环节，这一环节的主要内容有：回顾总结本次课程的革命历史知识和相关技能，运用所学的知识和技能拓展解决新的问题，全面塑造学生红色思想品德，传承红色精神。

（五）研学评价，反思问题

“研学评价，反思问题”是三步五环研学法的第五环节，这一环节的内容有研学后评价、研学后服务、研学后反思三部分，在实际教学过程中都要展开执行。

三、研学旅行的教学实施有哪些要求

红色研学旅行课程的教学实施是提高红色研学旅行教学质量的关键。怎样才能正确开展红色研学旅行教学？首先要坚持以中国共产党革命理论和精神为指导，遵循研学旅行教学规律，结合红色研学旅行特点，运用红色研学旅行教学方法创造性地开展红色研学旅行，并注意以下几个基本问题。

（一）确保整体方案的思想性

红色研学旅行课程整体方案的思想性，是正确实施红色研学旅行课程的基本质量要求。指导师或者项目专家要准确无误地向学生传授革命知识、革命精神，要深入发掘红色研学旅行资源内在的思想性，师生共同切磋，认真探求真知，让学生深受启迪、震撼或认同，激起学生的思想共鸣，使他们受到深刻的革命教育。

（二）始终围绕红色目标教学

红色研学旅行课程的总目标是立德树人，为党培养人才，传承红色基因，赓续红色血脉。红色研学旅行教学全程都要围绕这个总目标开展教学。

（三）发挥先模学生的带头作用

整个研学旅行过程，要始终发挥共产党员、班干部、共青团员、少先队员等先模人物的模范带头作用，依靠先模学生，引领全体学生全身心投入到红色研学旅行中来。

（四）突出亲自参与实践的环节

红色研学旅行有很多实践性较强的教学内容，教学时要求学生人人参与，亲自实践体验，突出学生的动手环节，才能改变我国中小学生传统的“听讲解”的红色学习方式，由被动地接受学习转变为自主式学习，由机械的记忆性学习转变为探究式的研究性学习，让学生成为红色研学旅行的主体，才能最大限度地发挥红色研学旅行作用，促进中小学生的全面发展。

很多早期的红色纪念馆、革命博物馆等单位的红色研学旅行，停留在“走马观花”式的听讲解、游览参观、合影留念等表层活动上，缺乏学生亲自参与的实践环节，学生依然是被动地接受学习、机械的记忆性学习，缺乏主动的自主式学习、探究式学习精神。虽然确实去了很多地方，开阔了眼界，但是学生所得到的知识依旧只是浅层皮毛，并未深层次理解、掌握及内化为生活能力。这些问题都影响了学生及家长的参与体验，使红色研学旅行的意义和效果大打折扣。

（五）始终坚持小组学习与个人学习相结合

以问题为导向，引导学生在行前开展充分的自主、个人学习，为研学实践积累知识和技能基础；在研学过程中，全程始终分组开展活动，引导学生在各自的小组内，尽职尽责，分工合作，培养团结合作意识和责任担当意识。

（六）调动学生积极性和主动性

1. 指导师有饱满的研学热情，学生就能够处于积极主动的状态之中。指导师要千方百计地引导学生的思路，启发学生的思维，激活学生的智力活动，确保学生在整个红色研学旅行活动中都能表现出研学热情和活力。

2. 充分调动学生研学的积极性和主动性，这是正确实施红色研学旅行课程的内在动力，是确保红色研学质量的核心环节。

3. 在整个红色研学旅行过程中，指导师要注重尊重、爱护学生，民主平等地对待学生，无论学生的答问或表现多么的令人不满意，也要耐心、宽容，也要适当地给予肯定和真诚的鼓励，以调动和保护其积极性。

4. 在研学过程中，要随时关注研学的红色内容、探讨的方式与深度、运用的方法等是否能激发学生的求知欲、主动性，使研学真正成为师生双向互动的活动，一旦发现问题就要立即改进，以推动红色研学活动健康良性发展。

5. 要想方设法让全体同学都参与到既竞争又协作的研学探索中来，让学生真切感到自己才是学习的积极参与者和主人，并为自己的积极参与及多方面收获感到兴奋、幸福，富有成就感。

（七）运用恰当的研学旅行方式方法

1. 红色研学旅行方式应符合红色研学旅行资源的特点和学生的特征，并能充分利用现有的设备条件，帮助学生顺利地掌握研学旅行课的基本内容。

2. 红色研学旅行方式应符合课程计划的设计和课程目标的实施，保证整个课程的各个部分进行得有条不紊，一环扣一环，始终能够保持一种良好的研学气氛。

3. 指导师能够机智地处理各种突发性发事件，具有驾驭研学旅行教学的艺术，善于根据实际情况及时调整和修改研学方法，确保红色研学旅行顺利进行。

（八）设计出纠正并解决学生错误和困惑的预案

1. 纠正并解决红色研学旅行过程中学生的错误和困惑是正确实施红色研学旅行课程的关键。

2. 学生在红色研学旅行过程中掌握知识技能，提高思想觉悟，是在解决疑难、纠正差错的过程中一步一步前进的。学生存在的疑问、偏差与错误只有在教学中暴露出来，并切实加以解决，学生才能获得正确的新知识、新技能，提高新觉悟。

3. 设计出纠正并解决学生错误和困惑的预案，让指导师通过向学生提问，或让学生模拟讲解、操作、演练、示范、参观等方式，来暴露学生在理解和运用知识中存在的问题，并有意引发不同的看法和争论，然后加以解决。这样，不仅使全体学生的知识技能和思想方法普遍得到提升，而且研学氛围紧张热烈，学生的探究情绪高涨，使学生在活动结束后还会对红色研学旅行教学过程不断回味与留恋。

（九）研学评价贯穿全程

研学旅行评价不是单纯意义上的为学生打分评定，评价主体、评价对象、评价内容应多元化。广义上的研学旅行评价对象多种多样。既包括对红色研学旅行基（营）地的评价、研学过程的评价、指导师的评价、教学方法的评价、红色研学资源的评价，也包括对学生的研学态度、研学能力和方法、研学结果等方面进行综合性评价。因此要求研学旅行评价要贯穿整个红色研学旅行的全过程。

话　题

05

本书使用中需注意的问题

北京红色研学旅行课程是一项系统工程，这个系统工程既有北京红色研学旅行课程特色，也有全国的红色研学旅行课程特色，更具备常规的研学旅行课程特点，同时北京各辖区、各红色景区、各红色基地的研学旅行课程之间也有千丝万缕的联系，它们既相对独立，又相互依存、相互制约，组成一个有机的红色研学旅行整体。因此在开展北京红色研学旅行课程时，要遵循整体统筹原则，必须注意以下几个问题：

第一，北京红色研学旅行课程要依托北京市的红色研学旅行内容、资源，同时课程设计也要考虑全国的红色研学旅行资源，把全党红色教育同北京红色教育联系起来，统筹考虑。

第二，国家研学旅行目标、红色研学旅行目标也是北京红色研学旅行目标，把控着北京的红色研学旅行活动的方向，北京红色研学旅行目标的设计要遵循国家研学旅行立德树人目标，再结合北京当地资源和学生情况来确定具体目标。

第三，由于北京很多红色景区、基地场地较小，管理严格，很多动手制作、参与体验的项目不能在基地现场实施。在研学时段方面，不要仅仅局限于只在研学旅行中实施，需要打破研学旅行前、研学旅行中、研学旅行后的教学秩序，把有关项目内容，放到研学旅行前提前开展，也可以放到研学旅行后实施，向前向后延伸研学旅行课堂。在研学课堂场地方面，原则上在基地现场实施比较好，但是有的体验式、制作式教学内容也可以转移到学校，也可以转移到在往返基地的交通工具上，也可以转移到相关联的同一主题的其他红色研学旅行教育基地来实施。

第四，本书中的课程除了具有北京特殊区域性特征以外，还有个别课程在目前基地的条件下可能不适合在此基地开展，这样我们就可以选择迁移到其他红色基地使用。此基地不能用，彼基地能用；此时不能用，彼时能用；北京能用，其他省市也能参考使用。

第五，本书不仅仅是北京的中小学生开展红色研学旅行活动的参考图书，也适合北京以外的省市组织中小学生来北京开展红色研学旅行教育。同时，北京以外省市的红色研学旅行基地也可以参考本书中的案例来开发设计自己基地的红色研学旅行课程，促进全国的红色研学旅行的蓬勃发展。

（研学知识篇作者：李岑虎）

参考资料

1. 习近平总书记在庆祝中国共产党成立 100 周年大会上的讲话（2021 年 7 月 1 日）

2. 李岑虎 . 研学旅行课程设计［M］. 北京：旅游教育出版社，2020.8

3. 李岑虎、甄鸿启 . 中小学研学旅行教师指导用书［M］. 郑州：文心出版社，2021.3

4. 中共中央办公厅、国务院办公厅印发《2016—2020 年全国红色研学旅行发展规划纲要》

5. 国家发展改革委等十四部门《关于印发全国红色研学旅行经典景区名录的通知》发改社会〔2016〕2662 号

6. 红色资源：鲜活的教材，作者：张泰城《光明日报》(2010 年 06 月 01 日 11 版）

7. 中共中央政治局第三十一次集体学习：习近平强调“用好红色资源赓续红色血脉 努力创造无愧于历史和人民的新业绩”（央视网 2021 年 6 月 26 日）

8. 中华人民共和国中央人民政府网站

9. 中国共产党新闻网站

10. 文化和旅游部政府门户网站

11. 北京市人民政府门户网站

11. 人民网

12. 千龙网

13. 北京周边红色旅游——红色教育基地（党建活动专题网）

图书在版编目（CIP）数据

北京市红色研学旅行课程指南 / 王彬，李岑虎主编
. -- 北京 : 旅游教育出版社，2021.7
ISBN 978-7-5637-4268-4

Ⅰ. ①北… Ⅱ. ①王… ②李… Ⅲ. ①爱国主义教育
—教学研究—中小学 Ⅳ. ①G631.4

中国版本图书馆CIP数据核字(2021)第121766号

北京市红色研学旅行课程指南

王彬　李岑虎　主编

策　　划	丁海秀　翦　鑫
责任编辑	翦　鑫
出版单位	旅游教育出版社
地　　址	北京市朝阳区定福庄南里 1 号
邮　　编	100024
发行电话	（010）65778403　65728372　65767462（传真）
本社网址	www.tepcb.com
E - mail	tepfx@163.com
排版单位	北京旅教文化传播有限公司
印刷单位	北京虎彩文化传播有限公司
经销单位	新华书店
开　　本	710 毫米 ×1000 毫米　1/16
印　　张	16.25
字　　数	279 千字
版　　次	2021 年 7 月第 1 版
印　　次	2021 年 7 月第 1 次印刷
定　　价	88.00 元

（图书如有装订差错请与发行部联系）